जिगर मुरादाबादी

लोकप्रिय शायर और उनकी शायरी

जिगर मुरादाबादी

संपादक : प्रकाश पंडित
सह-संपादक : सुरेश सलिल

जिगर मुरादाबादी की ज़िन्दगी और उनकी बेहतरीन
ग़ज़लें, नज़्में और शे'र

राजपाल

ISBN : 9789350643891

संस्करण : 2016 © राजपाल एण्ड सन्ज़
JIGAR MURADABADI (Life-Sketch & Poetry)
Editor : Prakash Pandit, Associate Editor : Suresh Salil

राजपाल एण्ड सन्ज़

1590, मदरसा रोड, कश्मीरी गेट-दिल्ली-110006
फोनः 011-23869812, 23865483, फैक्सः 011-23867791
website : www.rajpalpublishing.com
e-mail : sales@rajpalpublishing.com

क्रम

हमको मिटा सके, यह ज़माने में दम नहीं,
हमसे ज़माना ख़ुद है, ज़माने से हम नहीं।

जीवनी

''कोई अच्छा इन्सान ही अच्छा शायर हो सकता है।'' 'जिगर' मुरादाबादी का यह कथन किसी दूसरे शायर पर लागू हो या न हो, स्वयं उन पर बिलकुल ठीक बैठता है। यों ऊपरी नज़र डालने पर इस कथन में मतभेद की गुंजाइश कम ही नज़र आती है, लेकिन इसको क्या किया जाये कि स्वयं 'जिगर' के बारे में कुछ समालोचकों का मत यह है कि जब वह अच्छे इन्सान नहीं थे, तब बहुत अच्छे शायर थे।

'जब वह अच्छे इन्सान नहीं थे' से उन समालोचक सज्जनों का अभिप्राय उस काल से है, जब 'जिगर' बेतहाशा शराब पीते थे—इस बुरी तरह और इस मात्रा में कि यदि दस व्यक्ति मिलकर आयु-भर पीते रहें, तो भी उतनी न पी पायें, जितनी 'जिगर' कुछेक वर्षों में पी गये थे। और उन सज्जनों का अभिप्राय उस 'जिगर' से भी है, जो सारे संसार और उसकी नैतिकता को शराब के प्याले में डुबो देते थे और जिन्होंने अपना दाम्पत्य-जीवन नरक-समान बना लिया था[1] और आठों पहर मस्त-अलस्त रहकर :

मुझे उठाने को आया है वाइज़े-नादां[2]
जो उठ सके तो मेरा साग़रे-शराब[3] उठा

---

1. 'जिगर' साहब की शादी उर्दू के एक प्रसिद्ध कवि स्वर्गीय 'असग़र' गौंडवी की छोटी साली से हुई थी, लेकिन 'जिगर' साहब की शराबनोशी ने बना घर बिगाड़ दिया और 'असग़र' साहब ने 'जिगर' साहब से तलाक़ दिलाकर उनकी पत्नी को अपनी पत्नी बना लिया। 'असग़र' साहब के देहान्त पर 'जिगर' साहब ने फिर उसी महिला से दोबारा शादी कर ली और कुछ मित्रों का कहना है कि उनकी इस पत्नी ने ही उनकी शराब की लत छुड़वाई। 2. नादान धर्मोपदेशक 3. शराब का प्याला

> किधर से बर्क़[1] चमकती है देखें ऐ वाइज़
> मैं अपना जाम उठाता हूं तू किताब[2] उठा

ऐसे उच्च कोटि के शे'र कहते थे और उनके तरन्नुम (गान) की हालत यह थी कि बड़े-बड़े महारथियों का पित्ता उनके सामने पानी हो जाता था।

जहाँ तक मेरी व्यक्तिगत राय का सम्बन्ध है, मैं न तो पूर्ण रूप से 'जिगर' साहब के उक्त कथन का पक्षपाती हूँ और न ही उन महानुभावों के इस दो टूक फ़ैसले से सहमत कि जब से 'जिगर' ने शराब छोड़ी, उनकी शायरी का स्तर नीचा हो गया। मेरे तुच्छ विचार में 'जिगर' साहब की शायरी का यह भेद (यदि कोई भेद है तो) शराब पीने या न पीने का भेद नहीं है। यह भेद उनके दाम्पत्य-जीवन के नरक-समान बनने और फिर स्वर्ग-समान बन जाने का भी भेद नहीं है, बल्कि यह भेद दो विभिन्न कालों का भेद है। दो विभिन्न सामाजिक और राजनीतिक परिस्थितियों में बहुधा एक ही ढंग से सोचने, पुराने पर सन्तोष और नये को अस्वीकार करने का भेद है। अतएव जब वह :

> उनका जो फ़र्ज़ है अरबाबे-सियासत[3] जानें
> मेरा पैग़ाम मोहब्बत है, जहां तक पहुंचे

ऐसे शे'र कहते हैं तो हम उनकी इस 'मुहब्बत' को उस परम्परागत सूफ़ीवाद और अध्यात्मवाद से अलग करके नहीं देख सकते, जो शुरू से उनकी शायरी की विशेषता रही और जिसमें से :

> यही हुस्नो-इश्क़ का राज़ है कोई राज़ इसके सिवा नहीं
> कि ख़ुदा नहीं तो ख़ुदी[4] नहीं, जो ख़ुदी नहीं तो ख़ुदा नहीं

ऐसे शे'र निकलते थे।

लेकिन ऐसा भी नहीं था कि 'जिगर' अपने स्थान से टस से मस

---

1. बिजली (एक किंवदन्ती के अनुसार 'तूर' नामक पहाड़ पर बिजली चमकी थी और मूसा—पैग़म्बर—ने ख़ुदा से बातें की थीं।) 2. धर्म-ग्रन्थ 3. राजनीतिज्ञ 4. अहंभाव

न हुए हों। यह सही है कि उनकी पूरी शायरी से 'साक़ी', 'मैकदा', 'हुस्न', 'इश्क़', 'जुनून', 'रिंदी' इत्यादि परम्परागत शब्द और परम्परागत परिभाषाओं की बहुतायत और परम्परागत अन्तर्चेतना की गहरी छाप है। वह ग़ज़ल को उर्दू शायरी की पराकाष्ठा मानते थे और कविता के सामाजिक क्रम से इनकार करते रहे थे, लेकिन मौलिक रूप से एक विमल और सत्य-प्रेमी कलाकार होने के नाते उन्होंने कभी 'आत्मा की आवाज़' को दबाने की कोशिश नहीं की। अतएव बंगाल के अकाल के ज़माने में जब उन्होंने :

बंगाल की मैं शामो-सहर देख रहा हूं
हरचंद कि हूं दूर मगर देख रहा हूं
इन्सान के होते हुए इन्सान का यह हश्र[1]
देखा नहीं जाता है मगर देख रहा हूं

कहा तो लोगों ने चौंक कर 'जिगर' साहब की ओर देखा और फिर 1947 ई. के साम्प्रदायिक उपद्रव पर तो 'जिगर' साहब इस बुरी तरह तड़प उठे कि ग़ज़ल पर जान देने और ग़ज़ल का बादशाह कहलाने वाले इस शायर ने :

फ़िक्रे-जमील ख़्वाबे-परेशां[2] है आजकल
शायर नहीं है वो जो ग़ज़लख्वां[3] है आजकल

कहकर और इस ग़ज़ल में हिन्दू, मुसलमान, इन्सानियत, जमहूरियत इत्यादि ग़ज़ल की परम्पराओं के प्रतिकूल शब्दों का प्रयोग करके कविता के प्रति अपनी उस महान सत्यप्रियता का प्रमाण दिया, जिसके बिना कोई कवि महान कवि नहीं बन सकता। और यह भी कला के प्रति उनकी निष्कपटता ही थी जिसने उनसे :

सलामत तू, तेरा मयख़ाना, तेरी अंजुमन[4] साक़ी
मुझे करनी है अब कुछ ख़िदमते-दारो-रसन[5] साक़ी

---

1. बुरी हालत 2. सुन्दर विचार और कल्पनाएँ टूटे स्वप्न की तरह छिन्न-भिन्न हैं 3. ग़ज़ल गा रहा है अर्थात् हुस्नो-इश्क़ की परम्परागत बातों में उलझा हुआ है 4. महफ़िल 5. सूलियों-फांसियों की सेवा (क्रान्तिकारी कार्य)

रगो-पै में[1] कभी सहबा[2] ही सहबा रक़्स[3] करती थी
मगर अब ज़िन्दगी ही ज़िन्दगी है मौजज़न[4] साक़ी

ऐसे शे'र कहलवाये। निःसन्देह यह 'जिगर' की आन्तरिक मान्यताओं पर बाहरी वास्तविकता की विजय थी। यह ग़ज़ल का एक स्पष्ट मोड़ या भेद था, जिससे शायरी के इस रूप का भविष्य सम्बद्ध है।

अली सिकन्दर 'जिगर' मुरादाबादी 1890 ई. में मौलवी अली 'नज़र' के यहाँ, जो स्वयं एक अच्छे शायर और ख़्वाजा वज़ीर देहलवी के शिष्य थे, पैदा हुए। एक पूर्वज मौलवी 'समीअ' दिल्ली के निवासी और बादशाह शाहजहाँ के उस्ताद थे। लेकिन शाही प्रकोप के कारण दिल्ली छोड़कर मुरादाबाद में जा बसे थे। यों 'जिगर' को शायरी उत्तराधिकार के रूप में मिली। तेरह-चौदह वर्ष की आयु में ही उन्होंने शे'र कहने शुरू कर दिये। शुरू-शुरू में अपने पिता से संशोधन लेते रहे। उसके बाद उस्ताद 'दाग़' देहलवी को अपनी ग़ज़लें दिखायीं और 'दाग़' के बाद मुंशी अमीर-उल्ला 'तसलीम' और 'रसा' रामपुरी को ग़ज़लें दिखाते रहे। शायरी में सूफ़ियाना रंग 'असग़र' गौंडवी की संगत का फल था।

शिक्षा बहुत साधारण। अंग्रेज़ी बस नाम-मात्र जानते थे। आजीविका जुटाने के लिए कभी स्टेशन-स्टेशन चश्मे भी बेचा करते थे और शक्ल-सूरत के लिहाज़ से तो अच्छे-खासे बदसूरत व्यक्ति गिने जाते थे। लेकिन ये सब ख़ामियाँ अच्छे शे'र कहने की क्षमता तले दब कर रह गयी थीं। और जहाँ तक शक्ल-सूरत का सम्बन्ध है, उर्दू के एक हास्य-लेखक शौकत थानवी ने शायद बिलकुल ठीक लिखा है कि शे'र पढ़ते समय उनकी शक्ल बिलकुल बदल जाती थी, उनके चेहरे पर एक लालित्य आ जाता था। एक सुन्दर मुस्कान, एक मनोहर कोमलता तथा सरलता के प्रभाव से 'जिगर' साहब का व्यक्तित्व किरनें-सी बिखेरने लगता था—ये किरनें निःसन्देह हर उस व्यक्ति ने देखी होंगी, जिसने किसी मुशायरे में 'जिगर' साहब को शे'र पढ़ते सुना होगा।

---

1. नस-नस में 2. सुरा 3. नृत्य 4. तरंगित

'जिगर' साहब का शे'र पढ़ने का ढंग कुछ ऐसा मोहक और तरन्नुम ऐसा जादूभरा था कि एक ज़माने में तरुण शायर उन जैसे शे'र कहने और उन्हीं के से ढंग से शे'र पढ़ने की ही चेष्टा नहीं करते थे, बल्कि अपना रूप-रंग भी 'जिगर' जैसा बना लेते थे। वही लम्बे-लम्बे उलझे बाल, बढ़ी हुई दाढ़ी, अस्त-व्यस्त वस्त्र और उन्हीं की तरह बेतहाशा शराबनोशी।

ऊपर एक स्थान पर मैं कह चुका हूँ कि 'जिगर' साहब बेतहाशा शराब पिया करते थे। लेकिन यह उनके अच्छा आदमी बनने की धुन थी या न जाने क्या था कि एक दिन उन्होंने हमेशा के लिए शराब से तौबा कर ली और फिर मरते दम तक शराब को हाथ नहीं लगाया। इस तौबा के बारे में स्वयं 'जिगर' साहब का कहना था, ''जब मैंने शराब से तौबा की तो ख़ुदा से अपने इरादे की पुख़्तगी की दुआ भी माँगी। शराब छोड़ते ही सख़्त बीमार पड़ गया। ज़िन्दा बचने की कोई सूरत न थी। डॉक्टर और दोस्त कहते थे कि अब गया कि अब। दिल के ऊपर एक बड़ा ख़तरनाक क़िस्म का फोड़ा भी निकल आया था। डॉक्टरों ने बताया कि एकदम शराब छोड़ देने से यह बला नाज़िल हुई है और साथ ही यह मशविरा दिया कि अगर मैं फिर शराब पीनी शुरू कर दूँ तो आया वक़्त टल सकता है। यह वक़्त मेरे इम्तहान का वक़्त था। मैंने डॉक्टरों से साफ़ कह दिया कि इन्सान की क़िस्मत में जब मौत एक ही बार लिखी है तो ख़ुदा से शर्मसारी क्यों हो। यह कुदरत का करिश्मा था कि मुझे आराम आ गया, या यह समझिए कि मेरे इरादे की पुख़्तगी पर क़ुदरत को तरस आ गया।''

शराब से तौबा के बाद वह बेतहाशा सिगरेट पीने लगे, लेकिन कुछ समय के बाद उन्होंने सिगरेट भी छोड़ दी और उसके बाद बेतहाशा ताश खेलने लगे।

उनकी शराबनोशी का बेतहाशापन किस डिगरी पर होगा, इसका अनुमान उनके ताश के बेतहाशापन की हल्की-सी झलक से लगाया जा सकता है। उनके साथी खिलाड़ियों का कहना है कि खेलते समय अगर उनका कोई दोस्त आ गया और उसने सलाम किया तो 'जिगर' साहब की नज़र तो पत्तों पर होगी और 'वालैकुम-अस्सलाम' का बहुत खींचकर

जवाब देंगे। थोड़ी देर बाद आने वाले की सूरत देखेंगे, फिर पूछेंगे, ''मिज़ाज तो अच्छे हैं आपके ?'' फिर खेल शुरू। आध-पौन घंटे के बाद उन साहब की मौजूदगी याद आयेगी तो फिर पूछ लेंगे, ''मिज़ाज तो अच्छे हैं आपके ?'' अगर आप रात-भर उनके पास बैठे रहें, रह-रहकर वह यही पूछते रहेंगे कि ''मिज़ाज तो अच्छे हैं आपके ?''

'जिगर' साहब बड़े हँसमुख और विशाल हृदय के व्यक्ति थे। धर्म पर उनका गहरा विश्वास था, लेकिन धर्मनिष्ठा ने उनमें उद्दंडता और घमंड नहीं, विनय और नम्रता उत्पन्न की। वह हर उस सिद्धान्त का सम्मान करने को तैयार रहते थे, जिसमें सच्चाई और शुद्धता हो। यही कारण है कि साहित्य के प्रगतिशील आन्दोलन का भरसक विरोध करने पर भी उन्होंने 'मजाज़', 'जज़्बी', मसऊद अख़्तर 'जमाल', मजरूह सुलतानपुरी इत्यादि बहुत से प्रगतिशील शायरों को प्रोत्साहन दिया और 'प्रगतिशील लेखक संघ' के निमन्त्रण पर अपनी जेब से किराया ख़र्च करके वह उनके सम्मेलनों में योग देते रहे। (यों 'जिगर' साहब किसी मुशायरे में आने के लिए हज़ार-बारह सौ रुपये से कम मुआवज़ा नहीं लेते थे।) इस समय मुझे उनकी 1949-50 की एक मुलाक़ात याद आ रही है, जब उन्होंने 'मजरूह सुलतानपुरी' की गिरफ़्तारी पर शोक प्रकट करते हुए कहा था, ''ये लोग ग़लत हैं या सही यह एक अलग बहस है, लेकिन इस बात से इनकार नहीं किया जा सकता कि ये लोग अपने उसूलों के पक्के हैं। इन लोगों में ख़लूस कूट-कूटकर भरा हुआ है।'' और फिर 'मजरूह' की ग़ज़ल की (जिसके कारण उन्हें गिरफ़्तार किया गया था) एक पंक्ति :

''ये भी कोई हिटलर का है चेला, मार ले साथी जाने न पाये''
पर मुस्कुराकर व्यंग्य करते हुए बोले, ''लो देखो, ख़ुद में तो मारने की हिम्मत नहीं, मारने के लिए साथी को आवाज़ दी जा रही है।''

'जिगर' साहब बातें बड़े मज़े की करते थे—विशेषकर जब उन पर दार्शनिक बनने का मूड सवार होता था। कुछ पल्ले नहीं पड़ता था कि वह क्या कह रहे हैं और क्यों कह रहे हैं। कहाँ से चले थे, कहाँ जा पहुँचे। एक वाक्य का दूसरे से कुछ कम ही सम्बन्ध होता था या बिलकुल नहीं होता था। शायद इसलिए कि वह ग़ज़लगो शायर थे और ग़ज़ल

का शे'र अपने आप में पूर्ण होता है। ज़रा आप भी सुनिए :

"अगर मैं आपके कहने के मुताबिक़ मान लूँ और मुझे भी यक़ीने-कामिल (पूर्ण विश्वास) हो जाये कि फ़लां साहब अच्छे शे'र कहते हैं, फिर भी यह कहूँगा कि बस उनमें वही एक चीज़ नहीं है और वह चीज़ पैदा तो होती नहीं। वह तो इन्सानेकामिल (पूर्ण मनुष्य) और मर्दे-ख़ुद-आगाह (अपने आपको पहचानने वाला व्यक्ति) में ख़ुद-ब-ख़ुद होती है। मेरी मुराद ख़ुलूसे-बासफ़ा (पवित्र और सच्ची मैत्री) से है। वे शे'र बड़े बद-एमाल (दुश्चरित्र) होते हैं जो ऐसे-ऐसे ज़हनी नाबालिग़ों (मानसिक रूप से कच्चे लोगों) पर वारिद होते हैं (उतरते हैं) और दूसरों के लिए शे'र मुसीबत बन जाते हैं। जिस शख़्स में ख़ुलूस नहीं वह पुरख़ुलूस शे'र नहीं कह सकता। पुरख़ुलूस शे'र कहने के लिए फ़िक्रो-नज़र की वुसअत (विशालता), बुलंद-किरदारी (सुचरित्रता), मुशाहदातो-तजुर्बात की ज़रूरत है। इसका फ़क़दान (अभाव) आम है। जहल (मूढ़ता) और इल्म (ज्ञान) में लोग तमीज़ नहीं कर पाते। फिर शेअ़री दयानत कहाँ से आये ? अगर आप इस चीज़ को वैसे ही कहते चले जायेंगे तो आपको सैकड़ों सिज्दे बेकार नज़र आयेंगे। एक गुनहगार की आँखों में इन्फ़आल (पश्चात्ताप) की जो चमक एक बार पैदा हो जाती है, उसके मुक़ाबले में सिज्दों की क्या हक़ीक़त है ? मैं अपनी रिंदी और तौबा दोनों ज़मानों के ज़िक्र से घबराता हूँ। और यह सब कुछ क्यों होता है ? और साहब यह बहुरूपियापन तो मेरी समझ में आ ही नहीं सकता कि इन्सान की ज़िन्दगी कुछ हो और शे'र के स्टेज पर एक्टर की हैसियत से आये। साहब, ये एक्टर हैं। ये मीनाकारी करते हैं। यह शायरी से ज़ियादा कारीगरी है। साहब, मज़हब क्या है ? ज़ाती वजदान (अपने-आपको समझना)। अगर वजदान भी हमने मग़रिब से मुस्तआर (उधार) ले लिया तो हम क्या हैं ? हमारी रिवायात (परम्पराएँ) क्या हैं..." इत्यादि, इत्यादि।

'जिगर' साहब की भूल जाने की आदत भी बड़ी ख़ूबसूरत थी। उन्हें कोई बात याद नहीं रहती थी। उनसे दो-चार साल तक आपकी मुलाकात न हो तो वह आपको इस प्रकार भूल जाते थे कि याद दिलाने पर भी केवल इतना कह पाते थे (वह भी शायद शिष्टता के नाते) कि

हाँ साहब, आपको कहीं देखा तो है, लेकिन इस वक़्त याद नहीं पड़ता।''
एक बार अपनी याददाश्त के लिए उन्होंने डायरी रखने का तरीक़ा इख़्तियार
किया था, लेकिन वह तरीक़ा भी व्यर्थ सिद्ध हुआ, क्योंकि वह अक्सर
भूल जाते थे कि डायरी कहाँ रखी है। उनके यों खोये-खोये रहने से कई
लोग नाजायज़ फ़ायदा भी उठा जाते थे। श्री मोहम्मद तुफ़ैल (सम्पादक
'नुक़ूश', लाहौर) लिखते हैं कि ''एक बार लखनऊ में मैंने यह खबर
सुनी कि कल 'जिगर' साहब का बटुआ गुम हो गया है और उसमें
हज़ार-बारह-सौ रुपये थे। अफ़सोस के लिए मैं उनके पास पहुँचा और
मैंने पूछा, 'आपको कुछ मालूम नहीं कि बटुआ कैसे और कहाँ गुम हुआ'?''

कहने लगे, ''मुझे सब मालूम है। कल एक साहब से चलते-चलते
मुलाक़ात हुई थी, उन्होंने बड़ी नियाज़मंदी का इज़हार किया। मैंने सोचा
कोई मिलने वाला होगा। बाज़ार से कुछ सौदा-सलफ़ खरीदा। फिर ताँगे
में बैठे और यहाँ आये। रास्ते में उन साहब ने मेरी जेब में से कुछ निकाला।
मैंने सोचा मुझे बदगुमानी हुई है, यह बात नहीं हो सकती। जब जेब
को टटोला तो बटुआ ग़ायब था। मैंने अपना बटुआ उनके पास अपनी
आँखों से भी देख लिया, लेकिन मैंने उनसे कुछ कहा नहीं।''

''वह क्यों ?'' मैंने पूछा। कहने लगे, ''अगर मैं उनसे कहता कि
मेरा बटुआ आपने चुरा लिया है तो उस वक़्त जो उन्हें पशेमानी होती,
वह मुझसे न देखी जाती।''

इसी प्रकार की एक और घटना का उल्लेख करते हुए श्री तुफ़ैल
लिखते हैं कि एक बार (लाहौर में) 'जिगर' साहब बड़े ही परेशान तशरीफ़
लाये। आते ही कहने लगे, ''रात-भर नींद नहीं आई। क़िस्सा यह है
कि फ़लां साहब मेरे पास आया करते थे, वह गिरफ़्तार हो गये हैं। उनकी
वालिदा (माता) बेचारी मेरे पास रोती-पीटती आई थीं। ये लोग बड़े ही
बेसहारा और बे-यारो-मददगार हैं। मैं सुबह से अब तक डिप्टी कमिश्नर
और फ़लां-फ़लां अफ़सरों को टेलीफ़ोन करा चुका हूँ और उन सबसे कह
चुका हूँ कि अव्वल तो वह साहब बड़े नेक हैं; अगर वह साहब आपके
ख़्याल में मुजरिम हैं, फिर भी छोड़ दें। इसलिए कि किसी ग़रीब को
रोते देखता हूँ तो समझता हूँ कि कायनात हिल रही है और हम अभी

भस्म हुए कि अभी—न जाने वह अब तक रिहा होकर आया है या नहीं। चलो उसके घर चलें।''

मैंने कहा, ''मैंने तो उनका घर नहीं देखा, आपको मालूम है ?''

कहने लगे, ''मालूम तो मुझे भी नहीं। कल उनकी वालिदा ने कुछ अता-पता बताया था, ढूँढ लेंगे।''

चुनांचे उस मोहल्ले में पहुँचकर कभी मैंने और कभी 'जिगर' साहब ने उन साहब का पता पूछा। बड़ी मुश्किलों से उनका मकान मिला। बाहर ही से मालूम हो गया कि वे साहब घर पर आ चुके हैं। यह सुनते ही 'जिगर' साहब ने खुदा का शुक्र किया और वापसी के लिए पलटे।

मैंने कहा कि उनके घरवालों को तो अपने आने की इत्तला देते जाइये।

बोले, ''किसी की मदद करने के बाद उसे शर्मसार (लज्जित) नहीं करना चाहिए।''

अब इसी प्रकार की एक और घटना सुनिए—जो घटना कम और लतीफ़ा अधिक मालूम होती है। 'जिगर' साहब के एक पुराने मिलने वाले और समकालीन शायर ने मुझे बताया कि जिन दिनों 'जिगर' साहब को शराब से बड़ी मोहब्बत थी, एक साहब ने दिल्ली में उनकी बड़ी दावतें कीं। हफ़्तों पिलाते-खिलाते रहे। बाद में पता चला कि वह महानुभाव अपने बिज़नेस के सम्बन्ध में 'जिगर' साहब से कोई सिफ़ारिश करवाना चाहते थे। 'जिगर' साहब तुरन्त सिफ़ारिश करने पर तैयार हो गये और उस दिन उन्होंने सुबह ही से डटकर पीनी शुरू कर दी। बारह बजे के करीब ताँगे में सवार होकर उच्चाधिकारी के यहाँ जाते हुए जब वह चाँदनी चौक में से गुज़र रहे थे तो एकाएक 'जिगर' साहब ने ताँगे वाले को ताँगा रोकने को कहा। ताँगा रुका तो 'जिगर' साहब ताँगे की सीट पर खड़े हो गये और इश्तिहारी हकीमों की तरह चिल्ला-चिल्लाकर कहने लगे, ''ऐ लोगों! यह शख़्स मुझे हफ़्ता-भर तक इसलिए शराब पिलाता रहा है कि मैं फ़लां अफ़सर से इनकी झूठी सिफ़ारिश करूँ।''

'जिगर' साहब के मित्र ने मुझे बताया कि भाषण समाप्त करने के बाद जब 'जिगर' साहब अपने अतिथि की ओर पलटे तो उसने उनके पैर पकड़ रखे थे और मिनमिना रहा था कि नहीं, नहीं, नहीं !

कदाचित् यही बातें थीं कि जो आदमी उनसे जितना मिलता था, उतना ही उनके व्यक्तित्व की विशेषताएँ सामने आती थीं। उनकी किसी राय या मत से कोई भले ही सहमत न हो, उनका आदर किये बिना नहीं रह सकता था। बुजुर्ग होने पर भी वह हर समय गंभीर मुद्रा धारण किये नहीं बैठे रहते थे। अपने से कहीं कम आयु और नयी पीढ़ी के शायरों के साथ क़हक़हे लगाने में उन्हें विशेष आनन्द आता था। वह उन्हें खिला-पिलाकर बहुत प्रसन्न होते थे और 'वाक्य कसने' के किसी अवसर को हाथ से नहीं जाने देते थे। एक बार एक महफ़िल में 'जिगर' साहब शे'र सुना रहे थे। पूरी महफ़िल झूम-झूमकर उनके शे'रों पर दाद दे रही थी, लेकिन एक व्यक्ति शुरू से आख़िर तक चुपचाप बैठा रहा। एकाएक अन्तिम शे'र पर उस व्यक्ति ने उचक-उचककर दाद देनी शुरू कर दी। 'जिगर' साहब ने चौंककर उसकी ओर देखा और कहा :

"क्यों साहब, क्या आपके पास कलम है ?"

"जी हां," उस व्यक्ति ने उत्तर दिया, "क्या कीजियेगा ?"

"मेरे इस शे'र में ज़रूर कोई ख़ामी है, वरना आप दाद न देते। इसे अपनी बियाज़ में से (कॉपी जिसमें हाथ से शे'र लिखे जाते हैं) काटना चाहता हूँ।"

इस प्रकार एक और व्यक्ति ने उनसे कहा, " 'जिगर' साहब, एक महफ़िल में मैं आपके एक शे'र पर पिटते-पिटते बचा।"

इस पर 'जिगर' साहब बोले, "मेरा वो शे'र असर के लिहाज़ से ज़रूर घटिया होगा, वरना आप ज़रूर पिटते।"

'जिगर' साहब का पहला दीवान (कविता-संग्रह) 'दाग़े-जिगर' 1921 ई. में प्रकाशित हुआ था। उसके बाद 1923 ई. में 'शोला-ए-तूर' के नाम से एक संकलन मुस्लिम विश्वविद्यालय, अलीगढ़ से छपा जिसके पूरे ख़र्च की ज़िम्मेदारी साहबज़ादा रशीदुज़्ज़फ़र (भोपाल) ने ली थी। अब तक उसके कई संस्करण प्रकाशित हो चुके हैं। एक नया कविता-संग्रह 'आतिशे-गुल' के नाम से सन् 1958 में प्रकाशित हुआ था। इस पुस्तक को साहित्य अकादमी ने उर्दू भाषा की सन् 1959 की सर्वश्रेष्ठ कृति मानकर उस पर पाँच हज़ार रुपये का पुरस्कार देकर 'जिगर' साहब को सम्मानित किया था।

9 सितम्बर, 1960 को उर्दू ग़ज़ल के इस शती के बादशाह 'जिगर' का गोंडा में स्वर्गवास हो गया। 'जिगर' साहब के उठ जाने से उर्दू शायरी और विशेषकर उर्दू ग़ज़ल की दुनिया में जो स्थान रिक्त हुआ है, उसकी पूर्ति होनी मुश्किल ही दिखायी देती है।

'जिगर' साहब उन सौभाग्यशाली शायरों में से थे, जिनकी कलाकृतियाँ उनके अपने जीवनकाल में ही 'क्लासिकल' साहित्य का अंग बन जाती हैं। बल्कि अधिक सही यह कहना होगा कि 'जिगर' साहब उर्दू साहित्य के इतिहास में अपना नाम स्वयं अपने हाथ से मोटे अक्षरों में लिख गये हैं।

—प्रकाश पंडित

ग़ज़लें

1

हर हक़ीक़त को ब अंदाज़े-तमाशा[1] देखा
ख़ूब देखा तिरे जल्वों को मगर क्या देखा

हमने ऐसा न कोई देखनेवाला देखा
जो ये कह दे कि तेरा हुस्ने-सरापा[2] देखा

कोई शाइस्ता-ओ-शायान[3] ग़मे-दिल न मिला
हमने जिस बज़्म में देखा उसे तन्हा देखा

दिले-आगाह[4] में क्या कहिए 'जिगर' क्या देखा
लहरें लेता हुआ इक क़तरे में दरिया देखा

2

किस नज़र से आज वो देखा किया
दिल मिरा डूबा किया, उछला किया

हुस्न से भी दिल को बेपरवा किया
क्या किया, ऐ इश्क़, तूने क्या किया

तूने सौ सौ रंग से पर्दा किया
देखने वाला तुझे देखा किया

---

1. तमाशे की तरह 2. सर से पैर तक की खूबसूरती 3. योग्य-समर्थ 4. सचेत दिल

उनके जाते ही ये हैरत छा गई
जिस तरफ़ देखा किया, देखा किया

मुझसे क़ाइम हैं जुनूँ की अज़्मतें[1]
मैंने सहरा को 'जिगर' सहरा किया

3

न जां दिल बनेगी, न दिल जान होगा
          ग़मे-इश्क़ ख़ुद अपना उनवान[2] होगा
ठहर, ऐ दिले - दर्दमंदे - मोहब्बत[3]
          तसव्वुर[4] किसी का परेशान होगा
मेरे दिल में भी, इक वो सूरत है पिनहां[5]
          जो तू देख लेगा तो हैरान होगा
यह कहकर दिया उसने दर्दे - मोहब्बत
          जहां हम रहेंगे यह सामान होगा
गवारा नहीं जान देकर भी दिल को
          तेरी इक नज़र का जो नुक़सान होगा
चलो देख आयें 'जिगर' का तमाशा
          सुना है वो काफ़िर मुसलमान होगा

4

मिटा कर हमें आप पछताइएगा
कमी कोई महसूस फ़रमाइएगा

निगाहों से छुप कर कहाँ जाइयेगा
जहाँ जाइयेगा हमें पाइएगा

---

1. जुनून या दीवानगी की इज़्ज़त 2. शीर्षक 3. प्रेम के प्रति हितैषी दिल 4. कल्पना
5. छुपी हुई

भुलाना हमारा मुबारक मुबारक
मगर शर्त है ये, न याद आइएगा

हमीं जब न होंगे तो क्या रंगे-महफ़िल
किसे देख कर आप शरमाइएगा

कहीं चुप रही है ज़बाने-मुहब्बत
न फ़रमाइएगा, तो फ़रमाइएगा

नहीं खेल, नासेह[1], जुनूँ की[2] हक़ीक़त
समझ लीजिएगा, तो समझाइएगा

जुनूँ की 'जिगर' कोई हद भी है आखिर
कहाँ तक किसी पर सितम ढाइएगा

5

मेरा जो हाल हो सो बर्क़े - नज़र[3] गिराये जा
    मैं यूंही नालकाश[4] रहूं तू यूंही मुस्कराये जा
लहज़ा-ब-लहज़ा[5], दम-ब-दम, जलवा-ब-जलवा[6] आए जा
    तिश्ना -ए- हुस्ने - ज़ात[7] हूं तिश्नालबी[8] बढ़ाये जा
जितनी भी आज पी सकूं उज़्र[9] न कर पिलाये जा
    मस्त नज़र का वास्ता, मस्ते-नज़र[10] बनाये जा
लुत्फ़[11] से हो कि क़हर[12] से होगा कभी तो रूबरू[13]
    उसका जहां पता चले शोर वहीं मचाये जा

---

1. उपदेशक 2. दीवानगी की 3. नज़र की बिजली 4. आर्त्तनाद करता हुआ 5. क्षण प्रति क्षण 6. दर्शन देता हुआ 7. तुम्हारी सुन्दरता का प्यासा 8. प्यास 9. आपत्ति 10. नज़रों का मस्त 11. प्रेम 12. अति क्रोध 13. सामना

6

क्या कर गया इक जलवा-ए-मस्ताना किसी का

    रुकता नहीं ज़ंजीर से दीवाना किसी का

कहता है सरे - हश्र[1] यह दीवाना किसी का

    जन्नत से अलग चाहिए वीराना किसी का

आपस में उलझते हैं अबस[2] शैख़ो - बिरहमन

    काबा न किसी का है न बुतख़ाना[3] किसी का

बेसाख़्ता[4] आज उसके भी आंसू निकल आये

    देखा न गया हाल फ़क़ीराना किसी का

7

काम आख़िर जज़्बा - ए - बेइख़्तियार[5] आ ही गया

    दिल कुछ इस सूरत से तड़पा उनको प्यार आ ही गया

जब निगाहें उठ गईं अल्लाह री मेअराजे-शौक़[6]

    देखता क्या हूं वो जाने - इन्तिज़ार[7] आ ही गया

हाय यह हुस्ने - तसव्वुर[8] का फ़रेबे - रंगो - बू[9]

    मैंने समझा जैसे वो जाने - बहार[10] आ ही गया

हां सज़ा दे ऐ ख़ुदा - ए - इश्क़[11] ऐ तौफ़ीक़े - ग़म[12]

    फिर ज़बाने - बेअदब पर[13] ज़िक्र - यार आ ही गया

इस तरह ख़ुश हूं किसी के वादा - ए - फ़र्दा पे[14] मैं

    दरहक़ीक़त जैसे मुझको ए'तबार आ ही गया

हाय, काफ़िर दिल की ये काफ़िर जुनूँ - अंगेज़ियां[15]

    तुमको प्यार आये न आये मुझको प्यार आ ही गया

जान ही दे दी 'जिगर' ने आज पाये - यार पर[16]

    उम्र भर की बेक़रारी को क़रार आ ही गया

---

1. प्रलय क्षेत्र में 2. व्यर्थ 3. मन्दिर 4. आप ही आप 5. विवशता की भावना 6. इश्क़ की चरम सीमा 7. इन्तिज़ार की जान (प्रेयसी) 8. कल्पना की सुन्दरता 9 सुगन्ध तथा रंग का धोखा 10. बहार की जान (प्रेयसी) 11. प्रेम के देवता 12. ग़म सहने की सामर्थ्य 13. अविनयी ज़बान पर 14. आने वाले कल के वायदे पर 15. उन्मादपूर्ण बातें 16. यार के पाँवों पर

8

दिल ने सीने में तड़प कर उन्हें जब याद किया

दरो - दीवार को[1] आमादा - ए - फ़रियाद[2] किया

वस्ल से[3] शाद[4] किया हिज्र से[5] नाशाद[6] किया

उसने जिस तरह से चाहा मुझे बर्बाद किया

हम को देख ओ ग़मे - फ़ुर्क़त के न सुनने वाले

इस बुरे हाल में भी हमने तुझे याद किया

दिल का क्या हाल कहूँ जोशे - जुनूँ के हाथों

इक घरोंदा सा बनाया, कभी बर्बाद किया

और क्या चाहिए सर्माया - ए - तस्कीं[7] ए दोस्त

इक़ नज़र दिल की तरफ़ देख लिया, शाद किया

शरहे - नैरंगी - ए - असबाब[8] कहाँ तक कीजे

मुख़्तसर ये कि हमें आपने बर्बाद किया

मौत इक दामे - गिरफ़्तारी - ए - ताज़ा[9] है 'जिगर'

ये न समझो कि ग़मे - इश्क़ ने आज़ाद किया

9

आंखों का था क़ुसूर न दिल का क़ुसूर था

आया जो मेरे सामने मेरा गुरूर था

वो थे न मुझसे दूर न मैं उनसे दूर था

आता न था नज़र तो नज़र का क़ुसूर था

कोई तो दर्दमंदे - दिले - नासुबूर[10] था

माना कि तुम न थे, कोई तुम-सा ज़रूर था

लगते ही ठेस टूट गया साज़े - आरज़ू[11]

मिलते ही आंख शीश-ए-दिल[12] चूर-चूर था

---

1. दरवाज़े और दीवारों को 2. फ़रियाद पर तत्पर 3. मिलन से 4. प्रसन्न 5. जुदाई से
6. दुखी 7. संतोष की पूंजी 8. विविध कारणों की व्याख्या 9. नयी गिरफ़्तारी का जाल
10. अधीर हृदय का हितैषी 11. अभिलाषा-रूपी साज़ 12. दिलरूपी शीशा

ऐसा कहाँ बहार में रंगीनियों का जोश
　　शामिल किसी का ख़ूने-तमन्ना[1] ज़रूर था
साक़ी की चश्मे-मस्त का क्या कीजिए बयान
　　इतना सरूर था कि मुझे भी सरूर था
जिस दिल को तुमने लुत्फ़ से अपना बना लिया
　　उस दिल में इक छुपा हुआ नश्तर ज़रूर था
देखा था कल 'जिगर' को सरे-राहे-मैकदा[2]
　　इस दर्जा पी गया था कि नश्शे में चूर था

10

साक़ी की हर निगाह पे बल खा के पी गया
　　लहरों से खेलता हुआ लहरा के पी गया
बेकैफ़ियत के[3] कैफ़ से घबरा के पी गया
　　तौबा को तोड़-ताड़ के थर्रा के पी गया
ज़ाहिद[4]! ये मेरी शोख़ी-ए-रिंदाना[5] देखना
　　रहमत को[6] बातों-बातों में बहला के पी गया
सरमस्ती-ए-अज़ल[7] मुझे जब याद आ गई
　　दुनिया-ए-एतबार[8] को ठुकरा के पी गया
आज़ुर्दगी-ए-ख़ातिरे-साक़ी को[9] देखकर
　　मुझको वो शर्म आई कि शरमा के पी गया
ऐ रहमते-तमाम[10]! मेरी हर ख़ता मुआफ़
　　मैं इन्तिहा-ए-शौक़ में[11] घबरा के पी गया
पीता बग़ैर इज़्न[12] ये कब थी मेरी मजाल
　　दर-पर्दा चश्मे-यार की[13] शह पा के पी गया
उस जाने-मैकदा[14] की क़सम बारहा 'जिगर'
　　कुल आलमे-बसीत[15] पे मैं छा के पी गया

---

1. आकाँक्षा का ख़ून 2. मधुशाला के रास्ते में 3. अमादकताओं के 4. विरक्त 5. मद्यपों
की चंचलता 6. ख़ुदा को 7. आदिकाल का मतवालापन 8. विश्वास की दुनिया 9. साक़ी
की अप्रसन्नता को 10. ख़ुदा 11. उत्कंठा की चरम सीमा में 12. आज्ञा 13. मित्र (प्रेयसी)
की आंख की 14. मधुशाला की जान (साक़ी) 15. विस्तृत ब्रह्मांड

11

दिल को सुकून[1] रूह को आराम आ गया

    मौत आ गई कि दोस्त का पैग़ाम आ गया

जब कोई ज़िक्रे-गर्दिशे-अय्याम[2] आ गया

    बेइख़्तियार लब पे तेरा नाम आ गया

दीवानगी हो, अक़्ल हो, उम्मीद हो कि यास[3]

    अपना वही है वक़्त पे जो काम आ गया

दिल के मुआमलात में नासेह[4] ! शिकस्त क्या

    सौ बार हुस्न पर भी ये इल्ज़ाम आ गया

सय्याद[5] शादमां[6] है मगर ये तो सोच ले

    मैं आ गया कि साया तहे-दाम[7] आ गया

दिल को न पूछ माक़आए-हुस्नो-इश्क़ में[8]

    क्या जानिये ग़रीब कहाँ काम आ गया

ये क्या मुक़ामे-इश्क़ है ज़ालिम कि इन दिनों

    अक्सर तेरे बग़ैर भी आराम आ गया

12

तुझी से इब्तिदा[9] है, तू ही इक दिन इंतिहा[10] होगा

    सदा-ए-साज़[11] होगी और न साज़े-बेसदा[12] होगा

हमें मालूम है, हमसे सुनो, महशर में[13] क्या होगा

    सब उसको देखते होंगे वो हमको देखता होगा

जहन्नुम हो कि जन्नत जो भी होगा फ़ैसला होगा

    यह क्या कम है हमारा और उनका सामना होगा

निगाहे-क़हर[14] पर भी जानो-दिल सब खोये बैठा है

    निग़ाहे-मेहर[15] आशिक़ पर अगर होगी तो क्या होगा

---

1. शान्ति 2. कालचक्र की चर्चा 3. निराशा 4. उपदेशक 5. शिकारी 6. ख़ुश 7. जाल के नीचे, अर्थात् जाल में 8. हुस्न और इश्क़ के टकराव या संग्राम में 9. प्रारम्भ 10. अन्त 11. साज़ की ध्वनि 12. ध्वनिरहित साज़ 13. प्रलय-काल में 14. प्रकोप की नज़र 15. कृपा-दृष्टि

ये माना भेज देगा हमको मशहर से जहन्नुम में
　　मगर जो दिल पे गुज़रेगी वो दिल ही जानता होगा
समझता क्या है तू दीवानगाने-इश्क़[1] को ज़ाहिद[2]
　　ये हो जायेंगे जिस जानिब[3] उसी जानिब ख़ुदा होगा

13

इश्क़ को बेनक़ाब होना था
　　आप अपना जवाब होना था
तेरी आंखों का कुछ क़ुसूर नहीं
　　हां मुझी को ख़राब होना था
दिल कि जिस पर हैं नक़्शे-रंगा-रंग
　　उसको सादा किताब होना था
हमने नाकामियों को ढूंढ लिया
　　आख़िरिश[4] कामयाब होना था

14

वो अदाए-दिलबरी[5] हो कि नवाए-आशिक़ाना[6]
जो दिलों को फ़त्ह कर ले, वही फ़ातहे-ज़माना

कभी हुस्न की तबीअत न बदल सका ज़माना
वही नाज़े-बेनियाज़ी[7], वही शाने-ख़ुसरुवाना[8]

मैं हूँ उस मुकाम पर अब कि फ़िराक़ो-वस्ल[9] कैसे
मेरा इश्क़ भी कहानी, मेरा हुस्न भी फ़साना

तेरे इश्क़ की करामत[10] ये अगर नहीं तो क्या है
कभी बे अदब न गुज़रा मेरे पास से ज़माना

---

1. प्रेम द्वारा हुए पागलों को 2. विरक्त 3. ओर 4. अन्ततः 5. मनमोहक अदा 6. प्रेम-भरा राग 7. उपेक्षापूर्ण अभिमान 8. बादशाही शान 9. विरह और मिलन 10. कृपा, प्रताप

मेरे हमसफ़ीर[1] बुलबुल, मेरा-तेरा साथ ही क्या
मैं ज़मीरे-दश्तो-दरिया[2], तू असीरे-आशियाना[3]

तुझे, ऐ 'जिगर', हुआ क्या, कि बहुत दिनों से प्यारे
न बयाने-इश्क़ो-मस्ती, न हदीसे दिलबराना

15

ये तेरा जमाले-कामिल[4], ये शबाब का ज़माना
दिले - दुश्मनाँ सलामत, दिले - दोस्ताँ निशाना

मुझे इश्क की सदाक़त[5] पे भी शक सा हो चला है
मेरे दिल से कह गई क्या, वो निगाहे-नाक़िदाना[6]

मिरी ज़िंदगी तो गुज़री तेरे हिज्र के सहारे
मिरी मौत को भी प्यारे कोई चाहिए बहाना

मैं वो साफ़ ही न कह दूँ जो है फ़र्क़ तुझमें मुझमें
तेरा दर्द दर्दे - तन्हा, मेरा ग़म ग़मे - ज़माना

मेरे दिल के टूटने पर है किसी को नाज़ क्या-क्या
तुझे ऐ 'जिगर' मुबारक, ये शिकस्ते-फ़ातेहाना[7]

16

यही है सबसे बढ़कर महरमे-असरार[8] हो जाना
मयस्सर[9] हो अगर अपना हमें दीदार हो जाना

---

1. एक जैसी बांसी वाले 2. जंगल और दरिया किनारे विचरनेवाला 3. घर में क़ैद रहनेवाला
4. सर्वांगपूर्ण सौंदर्य 5. पवित्रता 6. कमियाँ तलाशने वाली निगाह 7. विजयपूर्ण पराजय
8. रहस्यों का ज्ञाता 9. सुलभ

मोहब्बत में कहाँ मुमकिन ज़लीलो-ख़्वार हो जाना
कि पहली शर्त है इनसान का ख़ुद्दार हो जाना
खुलेगा चारागर[1] पर राज़े-गम क्या दर्द के होते
कि आता है उसे ख़ुद नब्ज़ की रफ़्तार हो जाना
विसालो-हिज्र[2] के झगड़ों ने फ़ुर्सत ही न दी वरना
मआले-आशिक़ी[3] था रूह का बेदार[4] हो जाना
ज़बां गो चुप हुई दिल में तलातुम है वही बर्पा[5]
न आया आज तक महवे-ख़याले-यार[6] हो जाना

17

शोरिशे - काइनात[7] ने मारा
मौत बनकर हयात[8] ने मारा

सितमे - याद की दुहाई है
निगह - ए - इल्तिफ़ात[9] ने मारा

मैं था राज़े - हयात और मुझे
मेरे राज़े - हयात ने मारा

जो पड़ी दिल पे, सह गये, लेकिन
एक नाज़ुक सी बात ने मारा

शिकवा-ए-मौत[10] क्या करें, ऐ 'जिगर'
आरज़ू - ए - हयात[11] ने मारा

---

1. चिकित्सक 2. मिलन और बिछोह 3. प्रेम का परिणाम 4. आत्मा का जागृत हो उठना
5. वही तूफ़ान उठा हुआ है 6. प्रेमिका अथवा खुदा के ध्यान में सब कुछ भूल जाना
7. दुनिया के शोरशराबे ने 8. ज़िन्दगी 9. कृपा-दृष्टि 10. मौत की शिकायत 11. ज़िन्दगी
की चाहत

18

जिस पे' तेरी नज़र नहीं होती
उसकी जानिब[1] खुदा नहीं होता

हाय, क्या हो गया तबीअत को
ग़म भी राहतफ़ज़ा[2] नहीं होता

इश्क़ जब तक न कर चुके रुस्वा[3]
आदमी काम का नहीं होता

होके इक बार सामना उनसे
फिर कभी सामना नहीं होता

दिल को क्या क्या सुकून होता है
जब कोई आसरा नहीं होता

वो हमारे क़रीब होते हैं
जब हमारा पता नहीं होता

19

अर्ज़े-नियाज़े-ग़म को[4], लब-आशना[5] न करना
यह भी इक इल्तिजा है कुछ इल्तिजा न करना
जब याद आ गया है पहरों रुला गया है
दिल का वो मुझसे कहना, मुझको जुदा न करना
दिल जब से मर मिटा है, कुछ और ही फ़ज़ा[6] है
मेरी ये इल्तिजा है, तुम सामना न करना

---

1. तरफ़ 2. राहत देने वाला 3. बदनाम 4. दुख रूपी कृपा की प्रार्थना को 5. ज़बान पर लाने का काम 6. माहौल, वातावरण

दिल से ख़ता हुई तो अब दिल है और मैं हूं

      नाज़ुक मुआमला है, तुम फ़ैसला न करना

20

जो ज़ीस्त[1] को न समझें, जो मौत को न जानें

      जीना उन्हीं का जीना, मरना उन्हीं का मरना

दरिया की ज़िन्दगी पर सदक़े[2] हज़ार जानें

      मुझको नहीं गवारा साहिल[3] की मौत मरना

कुछ आ चली है आहट उस पा-ए-नाज़ की[4] सी

      तुझ पर ख़ुदा की रहमत[5], ऐ दिल ज़रा ठहरना

21

उनको भी नाज़े - फ़तह[6] अगर हो तो बात है

      मुझको तो हर शिकस्त ने मग़रूर[7] कर दिया

हुस्ने-अज़ल[8] तो आज भी बेपर्दा है मगर

      नज़्ज़ारा के हुजूम ने मस्तूर[9] कर दिया

तौबा[10] तो कर चुका था मगर इसका क्या इलाज

      वाइज़[11] की ज़िद ने फिर मुझे मजबूर कर दिया

22

इश्क़ ही के हाथों में कुछ सकत नहीं रहती

      वरना चीज़ ही क्या है गोशा-ए-नक़ाब[12] उनका

अर्ज़े-ग़म न कर ऐ दिल, देख हम न कहते थे

      रह गये वो 'ऊहं' करके सुन लिया जवाब उनका

तू 'जिगर' जो रुसवा है, तू ही आह रुसवा रह

      नाम तो कर रुसवा, ख़ानमा-ख़राब[13] उनका

---

1. ज़िन्दगी 2. न्योछावर 3. तट या किनारा 4. प्रेमिका के क़दमों की 5. कृपा 6. जीत का घमंड 7. घमंडी 8. आदिकालीन सुंदरता 9. छुपा दिया 10. न पीने का फैसला 11. धर्मोपदेश 12. पर्दा या नकाब का सिरा 13. ओ सत्यानाशी

23

नज़र मिला के, मेरे पास आके लूट लिया
नज़र हटी थी, कि फिर मुस्कुरा के लूट लिया

दिले - तबाह की रूदाद[1] और क्या कहिए
ख़ुद अपने शहर को फ़रमारवाँ[2] ने लूट लिया

उन्हीं के दिल से कोई उनकी अज़्मतें[3] पूछे
वो एक दिल, जिसे सब कुछ दिखा के लूट लिया

न अब ख़ुदी[4] का पता है, न बेख़ुदी[5] का 'जिगर'
हरेक लुत्फ़ को लुत्फ़े - ख़ुदा[6] ने लूट लिया

24

बाज़ीच -ए- अर्बाबे-सियासत से[7] गुज़र जा
इस कारगहे - मक्रो - ज़लालत[8] से गुज़र जा

क़िस्मत तिरी ख़ुद है तिरे किरदार में मुज़्मिर[9]
क़िस्मत को बनाना है तो क़िस्मत से गुज़र जा

होती है युँ ही नश्बो-बुमा[10] फ़िक्रो-अमल[11] की
हँसता हुआ हर जब्रे-हुकूमत[12] से गुज़र जा

इंसान बन इंसान, यही है तिरी मेराज[13]
रंगो-वतनो-क़ौम की लानत[14] से गुज़र जा

---

1. वृत्तांत 2. अधिकारियों ने 3. महानताएँ 4. होश 5. बेहोशी 6. ख़ुदा के लुत्फ़ ने 7. सियासत यानी राजनीति के खिलौनों से 8. धोखा और फ़रेब की जगह से 9. चरित्र में शामिल है 10. फलना-फूलना 11. विचार और कर्म 12. हुकूमतों के अत्याचार 13. लक्ष्य 14. धिक्कार

25

दुनिया के सितम याद, न अपनी ही वफ़ा याद
अब मुझको नहीं कुछ भी मुहब्बत के सिवा याद

क्या लुत्फ़ कि मैं अपना पता आप बताऊँ
कीजे कोई भूली हुई ख़ास अपनी अदा याद

मैं तर्के - रहे - रस्मे - जुनूँ[1] कर ही चुका था
क्यों आ गई ऐसे में तेरी लग़्ज़िशे-पा[2] याद

क्या जानिये क्या हो गया, अरबाबे-जुनूँ[3] को
जीने की अदा याद, न मरने की अदा याद

मुद्दत हुई इक हादिस - ए - इश्क़ को लेकिन
अब तक है तेरे दिल के धड़कने की सदा याद

मैं शिकवा ब लब[4] था, मुझे ये भी न रहा याद
शायद कि मेरे भूलनेवाले ने किया याद

जब कोई हसीं होता है सरगर्मे - नवाज़िश[5]
उस वक़्त वो कुछ और भी आते हैं, सिवा याद

26

कभी शाख़ो-सब्ज़ा-ओ-बर्ग[6] पर, कभी शबनमो-गुलो-ख़ार[7] पर
मैं चमन में चाहे जहाँ रहूँ, मेरा हक़ है फ़स्ले-बहार पर

---

1. दीवानगी के तौर-तरीक़े त्याग देना 2. पाँव की फिसलन 3. पागल या दीवाने लोग
4. शिकायत से भरा हुआ 5. मेहरबान 6. पत्तियाँ-हरियाली-डाली 7. फूल-कांटे-ओस

मुझे दें न गैज़[1] में धमकियाँ, गिरें लाख बार ये बिजलियाँ
मेरी सल्तनत यही आशियाँ, मेरी मिल्कियत यही चार पर

जिन्हें कहिए इश्क़ की वुसअतें[2], जो हैं ख़ास हुस्न की अज़्मतें[3]
ये उसी के क़ल्ब से[4] पूछिए, जिसे फ़ख़्र हो ग़मे-यार पर

मेरी सिम्त से[5] उसे ऐ सबा[6], ये पयामे-आख़िरे-ग़म[7] सुना
अभी देखना हो तो देख जा, कि ख़िज़ाँ है अपनी बहार पर

मैं रहीने-दर्द[8] सही 'जिगर', मुझे और चाहिए क्या 'जिगर'
ग़मे - यार है मेरा शेफ़्ता[9], मैं फ़रेफ़्ता[10] ग़मे - यार पर

27

ये हुजूमे-ग़म[11] ये अन्दोहो-मुसीबत[12] देखकर
    अपनी हालत देखता हूं उनकी सूरत देखकर
कपकपी सारे बदन में, ज़र्द चेहरा, दिल उदास
    चुप खड़े हैं दूर मेरी ख़ाके-तुर्बत[13] देखकर
चारासाज़ों से[14] मरीज़े-ग़म को फ़ुर्सत मिल गई
    हो चुके मायूस आसारे - तबीयत[15] देखकर

28

गर्चे[16] अहले-शराब[17] हैं हम लोग
ये न समझो ख़राब हैं हम लोग

---

1. आवेश, गुस्सा 2. सामर्थ्य, शक्ति 3. इज़्ज़त, प्रतिष्ठा 4. दिल से 5. ओर से 6. ऐ हवा
7. दुख के अन्त का सन्देश 8. पीड़ाग्रस्त 9. दीवाना 10. फिदा, आशिक़ 11. दुखों का आक्रमण
12. दुख और व्यथा 13. कब्र की मिट्टी 14. चिकित्सक 15. तबीयत के लक्षण 16. यद्यपि
17. शराब घर में बैठने वाले

नाज़[1] करती है ख़ाना वीरानी[2]
ऐसे ख़ाना ख़राब[3] हैं हम लोग

हम पे नाज़िल[4] हुआ सहीफ़े-इश्क़[5]
साहिबाने-किताब[6] हैं हम लोग

जब मिली आँख होश खो बैठे
कितने हाज़िर जवाब हैं हम लोग

हम से पूछो 'जिगर' की सरमस्ती
महरमे-आँजनाब[7] हैं हम लोग

29

फ़िक्रे-जमील ख़्वाबे-परेशाँ है[8] आजकल
शायर नहीं है वो, जो ग़ज़लख्वाँ[9] है आजकल

इंसानियत, कि जिससे इबारत है[10] ज़िंदगी
इंसा के साये से भी गुरेजाँ[11] है आजकल

शाइस्तगी के भेस में है रूहे-ज़िंदगी[12]
इंसान के लिबास में शैताँ है आजकल

है ज़ख़्मे-काइनात[13], जो हिन्दू है इन दिनों
है दाग़े-ज़िंदगी[14], जो मुसलमाँ है आजकल

---

1. गर्व 2. घर का उजाड़ 3. घर बर्बाद करने वाले 4. अवतरित 5. प्रेमशास्त्र 6. धर्मग्रन्थों में विश्वास करने वाले 7. ज्ञानी 8. सुन्दर विचार भयानक स्वप्न बन गये हैं 9. ग़ज़ल कहने वाला 10. लिखी गई है 11. दूर भागती है 12. जीवन की आत्मा 13. सृष्टि का घाव 14. ज़िन्दगी का धब्बा

सरमायादारियों[1] की तरफ़दारियाँ हैं सब
लेकिन मफ़ादे-आम का उन्वाँ[2] है आजकल
(देश-विभाजन के समय के सम्प्रदायिक दंगों से संदर्भित)

30

हुस्ने-माना[3] की क़सम, जल्वए-सूरत की क़सम
तू ही फ़िर्दौस[4] है, फ़िर्दौसे-मुहब्बत की क़सम

मुझसे छुपना तुझे ज़ेबा[5] नहीं, ऐ पैकरे-हुस्न[6]
मैं मुहब्बत ही मुहब्बत हूँ, मुहब्बत की क़सम

अब तुझे मेरी मुहब्बत का यक़ीं हो कि न हो
मैं न खाऊँगा तेरे दर्दे-मुहब्बत की क़सम

अब तुझे देख के मरना भी गवारा है मुझे
ग़मे-इशरत की[7] क़सम, अश्के-मसर्रत[8] की क़सम

ख़लवते-ख़ास[9] को इक दिन तो बना दे अलवल
तुझको अपने जिगरे-शोख़ तबीअत[10] की क़सम

31

फ़ुर्सत कहाँ, कि बात करें आस्माँ से हम
लिपटे पड़े हैं लज़्ज़ते-दर्दे-निहाँ से[11] हम

---

1. पूँजीवाद 2. जन-कल्याण का नारा या दावा 3. चारित्रिक सुन्दरता 4. स्वर्ग 5. उचित
6. सौंदर्य-प्रतिमा 7. ख़ुशी का ग़म 8. ख़ुशी के आँसू 9. एकांत 10. प्रेममग्न 'जिगर' (इसमें
शायर का अपना नाम भी आ गया है) 11. आंतरिक वेदना के आनन्द से

बेताब थे जो नज़अ में[1] दर्दे-निहाँ से हम
कुछ दूर आगे बढ़ गये उम्रे-रवाँ[2] से हम

ता उम्र, आह, कुंजे - कफ़स[3] देखना पड़ा
उड़ कर चले थे चार क़दम आशियाँ[4] से हम

तकदीर ने उसे भी नज़र से छिपा दिया
रोते लिपट के गर्दे - पसे - कारवाँ[5] से हम

बेताबियों ने काम किया दस्ते-नाज़[6] का
आख़िर लिपट के सो गये दर्दे-निहाँ थे हम

भर आया दिल जो काहिशे पे[7]-हम से ए 'जिगर'
आख़िर को उठ खड़े हुए बज़्मे-जहाँ[8] से हम

32

रखते हैं ख़िज़्र से,[9] न ग़रज़ रहनुमा से हम
चलते हैं बच के दूर हर इक नक़्शे-पा से[10] हम
मानूस हो चले हैं जो दिल की सदा से हम
शायद कि जी उठें तेरी आवाज़े-पा से[11] हम
ओ मस्ते-नाज़े-हुस्न[12] तुझे कुछ ख़बर भी है
तुझ पर निसार होते हैं किस-किस अदा से हम
ये कौन छा गया है दिलो-दीदा[13] पर कि आज
अपनी नज़र में आप हैं नाआशना-से[14] हम

---

1. प्राणांत में 2. आयु की गति याने रफ़्तार 3. पिंजड़े का क़ैदख़ाना 4. नीड़, बसेरा
5. काफ़िले के पीछे की गर्द 6. घमंड से भरे हाथ का 7. शारीरिक क्षीणता या कमजोरी
8. दुनिया की महफ़िल से 9. एक पैगम्बर-विशेष 10. पैरों के निशान 11. पदचाप 12. रूपगर्विता
13. दिल और आँखें 14. अपरिचित जैसे

33

कोई यह कह दे गुलशन - गुलशन

लाख बलाएं, एक नशेमन[1]

कामिल रहबर[2] क़ातिल रहज़न[3]

दिल-सा दोस्त न दिल-सा दुश्मन

फूल खिले हैं गुलशन-गुलशन

लेकिन अपना-अपना दामन

उम्रें बीतीं, सदियां गुज़रीं

है वही अब तक अक़्ल का बचपन

इश्क़ है प्यारे, खेल नहीं है

इश्क़ है कारे-शीशा-ओ-आहन[4]

ख़ैर मिज़ाजे-हुस्न की या रब

तेज़ बहुत है दिल की धड़कन

आज न जाने, राज़ ये क्या है

हिज्र की रात और इतनी रौशन

आ, कि न जाने तुझ बिन कल से

रूह है लाशा[5], जिस्म है मदफ़न[6]

कांटों का भी हक़ है कुछ आख़िर

कौन छुड़ाए अपना दामन

34

दिल में किसी के राह किये जा रहा हूं मैं

कितना हसीं गुनाह किये जा रहा हूं मैं

दुनिया - ए - दिल[7] तबाह किये जा रहा हूं मैं

सर्फ़े - निगाहो - आह[8] किये जा रहा हूं मैं

---

1. घोंसला 2. राह दिखाने वाला 3. लुटेरा 4. शीशे और लोहे का काम 5. शव 6. क़ब्र
7. दिल की दुनिया 8. नज़रों और आहों के निमित्त व्यय

फ़र्दे - अमल[1] सियाह किये जा रहा हूं मैं
रहमत[2] को बेपनाह किये जा रहा हूं मैं
ऐसी भी इक निगाह किये जा रहा हूं मैं
ज़र्रों को मेहरो - माह[3] किये जा रहा हूं मैं
मुझसे लगे हैं इश्क़ की अज़्मत को[4] चार चांद
ख़ुद हुस्न को गवाह किये जा रहा हूं मैं
आगे क़दम बढ़ायें जिन्हें सूझता नहीं
रौशन चिराग़े - राह[5] किये जा रहा हूं मैं
तनक़ीदे - हुस्न[6] मस्लहते - ख़ासे - इश्क़[7] है
यह जुर्म गाह-गाह[8] किये जा रहा हूं मैं
उठती नहीं है आंख मगर उसके रूबरू
नादीदाइ[9] इक निगाह किये जा रहा हूं मैं
गुलशन-परस्त[10] हूं मुझे गुल[11] ही नहीं अज़ीज़
कांटों से भी निबाह किये जा रहा हूं मैं
यूं ज़िन्दगी गुज़ार रहा हूं तेरे बग़ैर
जैसे कोई गुनाह किये जा रहा हूं मैं
मुझसे अदा हुआ है 'जिगर' जुस्तजू का हक़
हर ज़र्रे को गवाह किये जा रहा हूं मैं

35

शायरे-फ़ितरत[12] हूं मैं जब फ़िक्र[13] फ़रमाता हूं मैं
रूह बन कर ज़र्रे - ज़र्रे में समा जाता हूं मैं
आ कि तुझ बिन इस तरह ऐ दोस्त घबराता हूं मैं
जैसे हर शै में किसी शै की कमी पाता हूं मैं

---

1. कर्म-पत्र 2. ईश्वरीय कृपा 3. सूरज और चाँद 4. महानता को 5. मार्ग का दीपक
6. सौन्दर्य (प्रेयसी) की आलोचना 7. प्रेम (प्रेमी) की विशेष सामयिक समझ 8. कभी-कभी
9. अनदेखी 10. वाटिका का पुजारी 11. फूल 12. प्रकृति का शायर 13. चिन्तन

जिस क़दर अफ़साना -ए- हस्ती को[1] दोहराता हूं मैं

और भी बेगाना -ए- हस्ती[2] हुआ जाता हूं मैं

जब मकानो-लामकां[3] सब से गुज़र जाता हूं मैं

अल्लाह-अल्लाह तुझको ख़ुद अपनी जगह पाता हूं मैं

हाय री मजबूरियां, तर्के - मोहब्बत[4] के लिए

मुझको समझाते हैं वो और उनको समझाता हूं मैं

मेरी हिम्मत देखना, मेरी तबीअत देखना

जो सुलझ जाती है गुत्थी फिर से उलझाता हूं मैं

हुस्न को क्या दुश्मनी है, इश्क़ को क्या बैर है

अपने ही क़दमों की ख़ुद ही ठोकरें खाता हूं मैं

तेरी महफ़िल तेरे जलवे फिर तक़ाज़ा क्या ज़रूर

ले उठा जाता हूं ज़ालिम, ले चला जाता हूं मैं

वाह रे शौक़े - शहादत[5] कू - ए - क़ातिल की[6] तरफ़

गुनगुनाता, रक़्स[7] करता, झूमता जाता हूं मैं

देखना उस इश्क़ की ये तुफ़्राकारी[8] देखना

वो जफ़ा करते हैं मुझ पर और शरमाता हूं मैं

एक दिल है और तूफ़ाने - हवादिस[9] ऐ 'जिगर'

एक शीशा है कि हर पत्थर से टकराता हूं मैं

36

बेकैफ़[10] दिल है, और जिये जा रहा हूँ मैं

ख़ाली है शीशा, और पिये जा रहा हूँ मैं

मज्बूरिए - कमाले - मुहब्बत[11] तो देखना

जीना नहीं क़ुबूल[12], जिये जा रहा हूँ मैं

---

1. जीवन की कथा को 2. जीवन से असम्बन्धित 3. स्थान, अस्थान 4. प्रेम के त्याग
5. वीर-गति के शौक़ 6. क़ातिल (प्रेयसी) की गली की 7. नृत्य 8. विलक्षणता 9. दुर्घटनाओं
का तूफ़ान 10. बेमज़ा 11. प्रेम-विवशता 12. स्वीकार

वो दिल कहाँ है अब, कि जिसे प्यार कीजिए
मज्बूरियाँ हैं, साथ दिये जा रहा हूँ मैं

रुख़्सत हुई शबाब के हमराह ज़िंदगी
कहने की बात है, कि जिये जा रहा हूँ मैं

पहले शराब ज़ीस्त[1] थी, अब ज़ीस्त है शराब
कोई पिला रहा है, पिये जा रहा हूँ मैं

37

इश्क़ की बरबादियों को रायगां[2] समझा था मैं
बस्तियां निकलीं जिन्हें वीरानियां समझा था मैं

हर निगह को तबअए-नाजुक[3], पर गिरां[4] समझा था मैं
सामने की बात थी लेकिन कहाँ समझा था मैं

क्या ख़बर थी ख़ुद वो निकलेंगे बराबर के शरीक[5]
दिल की हर धड़कन को अपनी दास्तां समझा था मैं

ज़िन्दगी निकली मुसलसल इम्तिहां - दर - इम्तिहां[6]
ज़िन्दगी को दास्तां ही दास्तां समझा था मैं

मेरी ही रूदादे - हस्ती[7] थी मेरे ही सामने
आज तक जिसको हदीसे-दीगरां[8] समझा था मैं

---

1. ज़िन्दगी 2. व्यर्थ 3. कोमल हृदय 4. अप्रिय 5. साथी 6. लगातार इम्तिहान के बाद इम्तिहान
7. जीवन वृत्तांत 8. जगबीती

38

जो न काबे में है महदूद[1] न बुतख़ाने में[2]

हाए वो और इक उजड़े हुए काशाने में[3]

मिलती है उम्रे-अबद[4] इश्क़ के मैख़ाने में

ऐ अजल[5] तू भी समा जा मेरे पैमाने में

हरमो-दैर मैं[6] रिन्दों का ठिकाना ही न था

वो तो ये कहिए अमां[7] मिल गई मैख़ाने में

आज तो कर दिया साक़ी ने मुझे मस्त-अलस्त

डाल कर ख़ास निगाहें मेरे पैमाने में

आप देखें तो सही रब्ते-मोहब्बत[8] क्या है

अपना अफ़साना मिलाकर मेरे अफ़साने में

हजो-ए-मैं[9] ने तेरा ऐ शैख़ भरम खोल दिया

तू तो मस्जिद में है नीयत तेरी मैख़ाने में

मश्वरे होते हैं जो शैख़ो-बिरहमन में 'जिगर'

रिंद सुन लेते हैं बैठे हुए मैख़ाने में

39

जो मसर्रतों में[10] ख़लिश[11] नहीं, जो अज़ीयतों में[12] मज़ा नहीं

तेरे हुस्न का भी क़ुसूर है, मेरे इश्क़ ही की ख़ता[13] नहीं

मेरे जज़्बे-इश्क़ पे[14] रहमतें[15], मुझे बेबसी का गिला नहीं

तेरे जब्रे-हुस्न की[16] ख़ैर हो, मेरे इख़्तियार में क्या नहीं

मेरा ज़ौक़[17] भी मेरा शौक़[18] भी है बुलंद सतहे-अवाम से[19]

तेरा हिज्र[20] तेरा विसाल[21] भी, मेरे दर्दे-दिल की दवा नहीं

जिसे मैं भी ख़ुद न बता सका, मेरा राज़े-दिल है वो राज़े-दिल

जिसे ग़ैर दोस्त समझ सकें, मेरे साज़ में वो सदा[22] नहीं

---

1. सीमित 2. मन्दिर में 3. मकान में 4. अनन्त काल की आयु 5. मृत्यु 6. मन्दिर और मस्जिद में 7. पनाह 8. प्रेम का सम्बन्ध 9. शराब की निंदा 10. ख़ुशियों में 11. चुभन 12. कष्टों में 13. दोष 14. इश्क़ की भावना पर 15. भगवान की कृपा 16. सौन्दर्य की प्रचंडता की 17. मनोवृत्ति 18. उत्कंठा 19. जनसाधारण के स्तर से 20. जुदाई 21. मिलन 22. आवाज़

मेरे दर्द में ये ख़लिश कहाँ, मेरे सोज़ में ये तपिश[1] कहाँ
किसी और ही की पुकार है, मेरी ज़िन्दगी की सदा नहीं
वो हज़ार दुश्मने-जां[2] सही, मुझे ग़ैर फिर भी अज़ीज़ है
जिसे ख़ाके-पा[3] तेरी छू गई, वो बुरा भी हो तो बुरा नहीं
वही मैं हूं और वही अंजुमन, मगर आज है मेरा हाल क्या
ये गुमान[4] है कि हक़ीक़तन[5] कोई और तेरे सिवा नहीं

40

अल्लाह अगर तौफ़ीक़ न दे इनसान के बस का काम नहीं
फ़ैज़ाने-मोहब्बत[6] आम सही, इफ़र्ने-मोहब्बत[7] आम नहीं
ये तूने कहा क्या ऐ नादां, फ़य्याजी-ए-क़ुदरत[8] आम नहीं
तू फ़िक्रो-नज़र[9] तो पैदा कर, क्या चीज़ है जो इनआम नहीं
यारब ये मुक़ामे-इश्क़ है क्या ? गो दीदा-ओ-दिल[10] नाकाम नहीं
तस्कीन है और तस्कीन नहीं, आराम है और आराम नहीं
आना है जो बज़्मे-जानां में[11] पिन्दारे-ख़ुदी को[12] तोड़ के आ
ऐ होशो-ख़िरद के[13] दीवाने, यां होशो-ख़िरद का काम नहीं
इश्क़ और गवारा ख़ुद कर ले बेशर्त शिकस्ते-फ़ाश[14] अपनी
दिल की भी कुछ उनके साज़िश है, तनहा ये नज़र का काम नहीं
सब जिसको असीरी[15] कहते हैं, वो है तो असीरी ही लेकिन
वो कौन सी आज़ादी है यहां, जो आप ख़ुद अपना दाम नहीं

41

नाला पाबंदे-न-फ़स[16], ऐ दिले-नाशाद[17], नहीं
ये तो फ़रियाद[18] की तौहीन है, फ़रियाद नहीं

---

1. गर्मी 2. जान का शत्रु 3. पैरों की धूल 4. सम्भावना या भ्रम 5. वास्तव में
6. प्रेम-सम्बन्धी उदारता 7. प्रेम की पहचान 8. प्रकृति की उदारता 9. चिंतन और परख
10. आँख और दिल 11. प्राणप्रिया या प्रेयसी की महफ़िल में 12. अहंकार को 13. बुद्धि के
14. पराजय 15. क़ैद बंदी जीवन 16. आर्तनाद साँसों का पाबन्द नहीं 17. दुखी दिल 18. याचना

अब ये क्या बात है, आबाद नहीं, शाद नहीं
दिल गुज़रगाह[1] तेरी है, मुझे क्या याद नहीं

देखना बेख़ुदी-ए-इश्क़[2] का एजाज़[3] 'जिगर'
कह रहा हूँ वो फ़साना, जो मुझे याद नहीं

42

हमको मिटा सके, यह ज़माने में दम नहीं
    हमसे ज़माना ख़ुद है ज़माने से हम नहीं
या रब हुजूमे - दर्द[4] को दे और वुसअतें[5]
    दामन तो क्या अभी मेरी आंखें भी नम[6] नहीं
शिकवा तो एक छेड़ है, लेकिन हक़ीक़तन[7]
    तेरा सितम भी तेरी इनायत से[8] कम नहीं
ज़ाहिद कुछ और हो न हो मैख़ाने में मगर
    क्या कम है ये कि फ़ितना-ए-दैरो-हरम[9] नहीं
मर्गे-'जिगर'[10] पे क्यूँ तिरी आँखें हैं अश्कबार[11]
    इक सानिहा[12] सही, मगर इतना अहम[13] नहीं

43

इश्क़े ला-महदूद[14] जब तक रहनुमा[15] होता नहीं
    ज़िन्दगी से ज़िन्दगी का हक़ अदा होता नहीं
ज़िन्दगी इक हादिसा है और कैसा हादिसा
    मौत से भी ख़त्म जिसका सिलसिला होता नहीं

---

1. राह 2. प्रेम की बेख्याली 3. चमत्कार, करिश्मा 4. वेदना की अधिकता 5. विस्तार, फैलाव
6. गीली 7. वास्तव में 8. कृपा 9. मन्दिर-मस्जिद का झगड़ा 10. जिगर की मौत पर
11. अश्रुपूर्ण 12. हादसा 13. महत्वपूर्ण 14. असीम प्रेम 15. अगुवा

44

रिंद[1] जो मुझको समझते हैं, उन्हें होश नहीं

मैकदा साज़[2] हूँ मैं, मैकदा बरदोश[3] नहीं

पांव उठ सकते नहीं मंज़िले-जानां[4] के ख़िलाफ़

और अगर होश की पूछो तो मुझे होश नहीं

हुस्न से इश्क़ जुदा है न जुदा इश्क़ से हुस्न

कौन सी शै है? जो आग़ोश-दर-आग़ोश[5] नहीं

मिट चुके ज़हन से[6] सब यादे-गुज़श्ता के[7] नक़ूश[8]

फिर भी इक चीज़ है ऐसी कि फ़रामोश[9] नहीं

कभी उन मदभरी आंखों से पिया था इक जाम

आज तक होश नहीं, होश नहीं, होश नहीं

इश्क़ गर हुस्न के जलवों का है मरहूने-करम[10]

हुस्न भी इश्क़ के एहसां से सुबुकदोश[11] नहीं

मिल के इक बार गया है कोई जिस दिन से 'जिगर'

मुझ को ये वहम है, जैसे मेरा आग़ोश नहीं

45

मरके भी कब तक निगाहे-शौक़ को रुसवा करें

ज़िन्दगी तुझको कहाँ फेंक आयें, आख़िर क्या करें

ज़ख़्मे-दिल मुमकिन नहीं तो चश्मे-दिल ही वा करें[12]

वो हमें देखें न देखें हम उन्हें देखा करें

ऐ मैं क़ुर्बां मिल गया अर्ज़े-मोहब्बत का सिला[13]

हां उसी अंदाज़ से कह दो तो फिर हम क्या करें

---

1. पियक्कड़ 2. मैखाने की शोभा 3. मैखाने का शोक 4. प्रेयसी की मंज़िल के 5. गोद के अन्दर गोद 6. मस्तिष्क से 7. पुरानी यादों के 8. चित्र 9. भूली हुई 10. आभारी 11. भार-मुक्त 12. मन के नेत्र ही खोलें 13. पुरस्कार

देखिए क्या शोर उठता है हरीमे-नाज़ से[1]

    सामने आईना रख कर ख़ुद को इक सिज्दा करें

हाय ये मजबूरियां, महरूमियां, नाकामियां

    इश्क़ आख़िर इश्क़ है, तुम क्या करो, हम क्या करें

46

अब उनका क्या भरोसा वो आयें या न आयें

    आ ऐ ग़मे-मोहब्बत तुझको गले लगायें

उश्शाक़[2] पा रहे हैं हर जुर्म पर सज़ायें

    इनआम बँट रहे हैं मग़रूर[3] हैं ख़तायें

उससे भी शोख़तर[4] हैं उस शोख़ की अदायें

    कर जायें काम अपना लेकिन नज़र न आयें

जैसा वो चाहते हैं, जो कुछ वो चाहते हैं

    आती हैं मेरे दिल से लब तक वही दुआयें

इक जामे-आख़िरी[5] तो पीना है और साक़ी

    अब दस्ते-शौक़[6] कांपे या पांव लड़खड़ायें

उस हुस्ने-बर्क़वश[7] के दिल सोख़्ता[8] वही हैं

    शोलों से भी जो खेलें, दामन को भी बचाएं

अशआर बन के निकले जो सीना-ए-'जिगर'[9] से

    उस हुस्ने - यार की थीं बेसाख़्ता अदाएं

47

मोहब्बत की मोहब्बत तक ही जो दुनिया समझते हैं

ख़ुदा जाने वो क्या समझे हुए हैं क्या समझते हैं

जमाले-रंगो-बू[10] तक हुस्न की दुनिया समझते हैं

जो सिर्फ़ इतना समझते हैं वो आख़िर क्या समझते हैं

---

1. प्रेयसी के घर की चारदीवारी से 2. आशिक़ का बहुवचन 3. घमंडी 4. चंचल 5. अन्तिम प्याला 6. इच्छाओं से उत्कंठित हाथ 7. बिजली जैसे चंचल सौन्दर्य के 8. दिलजले 9. 'जिगर' के सीने से 10. रंग और ख़ुशबू की सुन्दरता

कमाले-तिश्नगी[1] ही वे बुझा लेते हैं प्यास अपनी
उसी तपते हुए सहरा[2] को हम दरिया समझते हैं
हम, उनका इश्क़ कैसा, उनके ग़म के भी नहीं क़ाबिल
यह उनकी मेहरबानी है कि वो हमसाया समझते हैं
मोहब्बत में नहीं सैरे-मनाज़िर[3] की हमें परवा
हम अपने हर नफ़स[4] को इक नई दुनिया समझते हैं

48

निआज़े-आशिक़ी को[5] नाज़ के क़ाबिल समझते हैं
हम अपने दिल को भी अब आप ही का दिल समझते हैं
अदम[6] की राह में रक्खा है पहला ही क़दम मैंने
मगर अहबाब[7] इसको आख़िरी मंज़िल समझते हैं
इलाही एक दिल है, तू ही इसका फ़ैसला कर दे
वो अपना दिल बताते हैं, हम अपना दिल समझते हैं

49

मोहब्बत में क्या-क्या मुक़ाम आ रहे हैं
    कि मंज़िल पे हैं और चले जा रहे हैं
ये कह-कह के हम दिल को बहला रहे हैं
    वो अब चल चुके हैं, वो अब आ रहे हैं
वो अज़-ख़ुद[8] ही नादिम हुए जा रहे हैं
    ख़ुदा जाने क्या-क्या ख़याल आ रहे हैं
हमारे ही दिल से मज़े उनके पूछो
    वो धोके जो दानिस्ता[9] हम खा रहे हैं
जफ़ा करने वालों को क्या हो गया है
    वफ़ा करके भी हम तो शरमा रहे हैं

---

1. प्यास की अधिकता 2. रेगिस्तान 3. दृश्यों की प्रचुरता 4. साँस 5. प्रेम की आकाँक्षा
को 6. अस्तित्व 7. मित्रगण 8. स्वयं 9. जान-बूझकर

वो आलम है अब यारो-अग़ियार[1] कैसे
    हमीं अपने दुश्मन हुए जा रहे हैं
मिज़ाजे-गिरामी[2] की हो ख़ैर या रब
    कई दिन से अक्सर वो याद आ रहे हैं

50

ये सहनो-रविश[3], ये लाला-ओ-गुल[4] होने दो जो वीरां होते हैं
तख़रीबो - जुनूं के[5] पर्दे में तामीर के[6] सामां होते हैं
मंडलाये हुए जब हर जानिब तूफ़ां ही तूफ़ां होते हैं
दीवाने कुछ आगे बढ़ते हैं और दस्तो-गिरेबां[7] होते हैं
इस जहदो-तलब की[8] दुनिया में क्या कारे-नुमायां[9] होते हैं
हम सिर्फ़ शिकायत करते हैं वो सिर्फ़ पशेमां होते हैं
तू.ख़ुश है कि तुझको हासिल हैं मैं ख़ुश हूं कि मेरे हिस्से में नहीं
वो काम जो आसां होते हैं, वो जलवे जो अर्ज़ां[10] होते हैं
आसूदा-ए-साहिल[11] तो है मगर शायद ये तुझे मालूम नहीं
साहिल से भी मौजें उठती हैं, ख़ामोश भी तूफ़ां होते हैं
जो हक़ की ख़ातिर जीते हैं मरने से नहीं डरते हैं 'जिगर' ?
जब वक़्ते-शहादत[12] आता है, दिल सीनों में रक़्सां[13] होते हैं

51

अर्श से[14] होके जो मायूस दुआएं आईं
    मैं यह समझा कि मेरे घर में बलायें आईं
मैंने जब शर्म से महशर में[15] झुका ली गर्दन
    बख़्शवाने को मुझे मेरी ख़तायें आईं
कीजिए और कोई जुल्म अगर ज़िद है यही
    लीजिए, और मेरे लब पे दुआयें आईं

---

1. मित्र और शत्रु 2. उनकी सेहत 3. बाग़ और क्यारियों के बीच के छोटे मार्ग 4. फूल
5. विनाश और उन्माद के 6. निर्माण के 7. हाथा-पाई करना 8. संघर्ष और अभिलाषा की
9. उल्लेखनीय कार्य 10. सस्ते अर्थात् आसानी से मिल जाने वाले 11. तट पर निश्चित और
सन्तुष्ट 12. वीर गति का समय 13. नृत्यशील 14. सातवें आकाश से 15. प्रलय-काल में

52

बंगाल के मैं शामो-सहर[1] देख रहा हूँ
हरचंद कि हूँ दूर, मगर देख रहा हूँ

बच्चों का तड़पना, वो बिलकना, वो सिसकना
मां-बाप को मायूसे-नज़र[2] देख रहा हूँ

इंसान के होते हुए इंसान का ये हश्र[3]
देखा नहीं जाता है, मगर देख रहा हूँ

अंजामे-सितम[4] अब कोई देखे कि न देखे
मैं साफ़ इन आँखों से मगर देख रहा हूँ

सैयाद ने लूटा था अनादिल का नशेमन[5]
सैयाद का लुटते हुए घर देख रहा हूँ

रहमत[6] का चमकने को है फिर नय्येस्ताबाँ[7]
होने को है इस शब की सहर देख रहा हूँ

(1943 के बंगाल के अकाल के दौरान लिखी गई)

53

जो तूफ़ानों में पलते जा रहे हैं
वही दुनिया बदलते जा रहे हैं

निखरता आ रहा है रंगे-गुलशन
ख़सो-खश्शाक[8] जलते जा रहे हैं

---

1. शाम और सुबह 2. उदास, हताश 3. हाल, 4. अत्याचार का परिणाम 5. बुलबुल का घोंसला 6. कृपा, कल्याण 7. सूर्य 8. घासफूस

वहीं मैं ख़ाक उड़ती देखता हूँ
जहाँ चश्मे[1] उबलते जा रहे हैं

शबाबो-हुस्न[2] में बहस आ पड़ी है
नये पहलू निकलते जा रहे हैं

54

इस से बढ़ कर दोस्त कोई दूसरा होता नहीं
सब जुदा हो जायँ, लेकिन ग़म जुदा होता नहीं

कौन ये नासेह को[3] समझाए बतर्ज़े-दिलनशीं[4]
इश्क़ सादिक़[5] हो तो ग़म भी बेमज़ा होता नहीं

मेरी अर्ज़े-ग़म[6] पे वो कहना किसी का हाय हाय
शिकवए-ग़म[7] शेव-ए-अहले-वफ़ा[8] होता नहीं

क्या क़यामत है कि इस दौरे-तरक़्क़ी में 'जिगर'
आदमी से आदमी का हक़ अदा होता नहीं

55

जब से मालूम किया दिल के निहाँख़ाने[9] को
आँख उठाने की भी फ़ुर्सत नहीं दीवाने को

बिजलियाँ तूरे-तसव्वुर पे गिराने वाले
फूँक दे फूँक दे हस्ती के सियहख़ाने[10] को

---

1. जलाशय 2. जवानी और ख़ूबसूरती 3. नसीहत देने वाले को 4. प्रेमपूर्ण ढंग से 5. सच्चा, पवित्र 6. दुख भरी विनती 7. दुख की शिकायत 8. भरोसेमंद प्रेमियों का ढंग 9. तहख़ाना 10. क़ैदख़ाना

मैकशो, मुज़्दा[1] कि बाक़ी न रही क़ैदे-मकाँ[2]
आज इक मौज बहा ले गई मैख़ाने को

क़ैसो-फ़रहाद हों, या सरमदो-मंसूर, जिगर
हमने बे माया[3] न देखा किसी दीवाने को

56

समझाये कौन बुलबुले-गफ़लत शिआर[4] को
महदूद[5] कर लिया है चमन तक बहार को

ऐ दिल, जो रहे-इश्क़ में रक्खा है तूने पाँव
करना न तंग दा'इरे - इख़्तियार[6] को

फिर देखना बहार बयाबाने-इश्क़[7] की
गुलशन बना चुकूँगा जब इस ख़ारज़ार[8] को

भड़का रहा हूँ आतिशे - इस्याँ[9] हरेक सिम्त[10]
फैला रहा हूँ रहमते - परवरदिगार[11] को

57

इलाही एक दुआ है अगर क़ुबूल[12] न हो
बहुत ग़रीब है ये दिल कभी मलूल[13] न हो

दुआए-मर्ग[14] तो माँगी है आज घबरा कर
मैं क्या करूँगा, जो ये भी उसे क़ुबूल न हो

---

1. ख़ुशख़बरी 2. चार दीवारों की क़ैद 3. ग़रीब 4. जो हरदम खोया-खोया-सा रहे 5. सीमित
6. अधिकार-क्षेत्र 7. प्रेम-कानन 8. वीराना 9. पाप की आग 10. हर तरफ़ 11. ईश्वर-कृपा
12. स्वीकार 13. मलिन, दुखी 14. मौत की दुआ

जिसे हम अपनी मोहब्बत का ज़ख़्म कहते हैं
तिरे ही आरिज़े-रंगीं[1] का कोई फूल न हो

किसी के ख़ातिरे-नाज़ुक का आ गया है ख़याल
दुआएँ मांग रहा हूँ, दुआ क़ुबूल न हो

58

मुमकिन नहीं कि जज़्बा-ए-दिल[2] कारगर[3] न हो
        यह और बात है तुम्हें अब तक ख़बर न हो
तौहीने - इश्क़[4], देख, न हो ऐ, 'जिगर', न हो
        हो जाये दिल का ख़ून मगर आंख तर न हो
लाज़िम ख़ुदा का होश भी है बेख़ुदी के साथ
        किसकी उसे ख़बर जिसे अपनी ख़बर न हो
अहसाने - इश्क़ अस्ल में तौहीने - हुस्न है
        हाज़िर हैं दीनो-दिल[5] भी ज़रूरत अगर न हो
या तालिबे-दुआ[6] था मैं एक-एक से 'जिगर'
        या ख़ुद यह चाहता हूं दुआ में असर न हो

59

दिल है क़दमों पर किसी के सिर झुका हो या न हो
        बन्दगी[7] तो अपनी फ़ितरत[8] है ख़ुदा हो या न हो
यह जुनूं भी क्या जुनूं? यह हाल भी क्या हाल है
        हम कहे जाते हैं, कोई सुन रहा हो या न हो

60

इश्क ने ख़िदमते - दुश्वार[9] वो की है तफ़्वीज़[10]
        ख़ुद से मिलने की भी मिलती नहीं फ़ुर्सत मुझको

---

1. गुलाबी गाल 2. मनोभावना 3. सफल 4. प्रेम का अपमान 5. धर्म और हृदय 6. दुआ का प्रार्थी
या याचक 7. भक्तिपूर्वक सिर नवाना 8. स्वभाव, आदत 9. कठिन सेवा 10. सौंपी है

इल्म के जहल से बेहतर है कहीं जहल का इल्म

मेरे दिल ने यह दिया दर्से - बसीरत[1] मुझको

उड़ चला हूं निगहे - यार से[2] शोख़ी लेकर

अब जो मुमकिन हो तो रोके मेरी हैरत मुझको

ले लिया काम जो लेना था, ग़मे - हस्ती ने[3]

गरचे[4] साबित न हुई मेरी ज़रूरत मुझको

61

इश्क़ की हद से निकलते, फिर ये मंज़र देखते

काश हुस्ने-यार को, हम हुस्न बनकर देखते

गुञ्चा-ओ-गुल[5] देखते या माहो-अख़्तर[6] देखते

तुम नज़र आते हमें, हम कोई मंज़र देखते

फ़ितरते-मजबूरी[7] पे क़ाबू ही कुछ चलता नहीं

वरना हम तो तुझसे भी तुझको छुपाकर देखते

फिर वही हसरत है साक़ी फिर उसी अन्दाज़ से

फिर सिवा साग़र के सब कुछ ग़र्के-सागर[8] देखते

मेरे चुप रहने पे क्या वो बाज़ आते छेड़ से

मुस्करा कर देखते, फिर मुस्करा कर देखते

तशनगाने-दीदे-जल्वा[9] हैं, हमें समझा है क्या

तुम अगर सूरत दिखाते जान देकर देखते

मर मिटा इक बात पर किस आन से किस शान से

आप अगर ऐसे में होते दिल के तेवर देखते

62

उसे हालो-क़ाल से[10] वास्ता, न ग़रज़ मुक़ामो-क़याम से[11]

जिसे कोई निस्बते-ख़ास[12] हो, तेरे हुस्ने-बर्के-ख़िराम से[13]

---

1. सच्चे ज्ञान का सबक़ 2. प्रेमिका की नज़रों से 3. ज़िन्दगी के दुख ने 4. यद्यपि
5. कलियाँ और फूल 6. चाँद-सितारे 7. विवशता की प्रकृति 8. शराब के प्याले में डूबा हुआ
9. दर्शनों के प्यासे 10. स्थिति और सम्पत्ति से 11. स्थान और निवास 12. विशेष सम्बन्ध
13. तड़पती बिजली जैसी चाल की सुन्दरता से

मुझे दे रहे हैं तसल्लियां, वो हर एक ताज़ा पयाम से
कभी आके मन्ज़रे-आ़ाम पर, कभी हट के मंज़रे-आ़ाम से

न ग़रज़ किसी से न वास्ता, मुझे काम अपने ही काम से
तेरे ज़िक्र से, तेरी फ़िक्र से, तेरी याद से, तेरे नाम से

तेरी सुबहे-ऐश[1] है क्या बला ? तुझे ऐ फ़लक[2] जो हो हौसला
कभी करले आके मुक़ाबला, ग़मे-हिज्रे-यार[3] की शाम से

जो उठा है दर्द उठा करे कोई ख़ाक़ उससे गिला[4] करे
जिसे ज़िद हो हुस्न के ज़िक्र से, जिसे चिढ़ हो इश्क़ के नाम से

वहीं चश्मे-हूर[5] फड़क गई, अभी पी न थी कि बहक गई
कभी यक-ब-यक जो छलक गई किसी रिंदे-मस्त के[6] जाम से

तू हज़ार उज्र[7] करे मगर, हमें शक[8] है और ही कुछ 'जिगर'
तेरे इज़्तराबे-निगाह से[9], तेरी एहतियाते-कलाम से[10]

63

न ताबे-मस्ती[11] न होशे-हस्ती[12] कि शुक्रे-ने'मत[13] अदा करेंगे
ख़िज़ां में जब है ये अपना आलम[14], बहार आई तो क्या करेंगे
हर एक ग़म को फ़रोग़[15] देकर यहां तक आरास्ता[16] करेंगे
वही जो रहते हैं दूर हम से, ख़ुद अपनी आग़ोश वा करेंगे[17]

---

1. विलास की सुबह 2. आकाश 3. प्रेयसी के बिछोह के ग़म 4. शिकायत 5. हूर की आँख
6. मस्त मद्यप के 7. बहाने 8. सन्देह 9. नज़र की बेचैनी से 10. वार्तालाप में सावधानी
बरतने से 11. उन्माद की सामर्थ्य 12. जीवन या अस्तित्व का होश 13. ईश्वरीय वरदानों
के लिए धन्यवाद 14. अवस्था 15. चमक, ख्याति 16. सुसज्जित 17. बाँहों में लेने के लिए
बाँहें खोलें वा फैलायेंगे

जिधर से गुज़रेंगे सरफ़रोशाना - कारनामे[1] सुना करेंगे
वो अपने दिल को हज़ार रोकें, मेरी मोहब्बत को क्या करेंगे
न शुक्रे - ग़म ज़ेरे - लब[2] करेंगे, न शिक्वा-ए-बरमला[3] करेंगे
जो हम पे गुज़रेगी दिल ही दिल में कहा करेंगे सुना करेंगे
ये ज़ाहरी[4] जल्वा-हाए-रंगी[5] फ़रेब कब तक दिया करेंगे
नज़र की जो कर सके न तस्कीं[6] वे दिल की तस्कीन क्या करेंगे
वहां भी आहें भरा करेंगे, वहां भी नाले[7] किया करेंगे
जिन्हें है तुझसे ही सिर्फ़ निस्बत[8], वो तेरी जन्नत को क्या करेंगे
नहीं है जिन को मजाले-हस्ती[9], सिवाये इसके वो क्या करेंगे
कि जिस ज़मीं के हैं बसने वाले उसे भी रुसवा किया करेंगे
हम अपनी क्यों तर्ज़े-फ़िक्र छोड़ें, हम अपनी क्यों वज़अ-ख़ास बदलें
कि इन्क़िलाबाते - नौ - ब - नौ[10] तो हुआ किये हैं हुआ करेंगे
ये सख़्ततर इश्क़ के मराहिल[11], ये हर क़दम पर हज़ार एहसां
जो बच रहे तो जुनूं के हक़ में[12] जियेंगे जब तक दुआ करेंगे
ये ख़ामकाराने-इश्क़[13] सोचें, ये शिक्वा-संजाने-हुस्न[14] समझें
कि ज़िन्दगी ख़ुद हसीं न होगी तो फिर तवज्जह वो क्या करेंगे
ख़ुद अपने ही सोज़े-बातनी से[15] निकाल इक शम्मे-ग़ैरफ़ानी[16]
चिराग़े - दैरो - हरम[17] तो ऐ दिल, जला करेंगे बुझा करेंगे

64

ये दिन बहार के अबके भी रास आ न सके
कि गुंचे खिल तो गये, खिल के मुस्करा न सके

---

1. सर की बाजी लगाकर किये हुए उल्लेखनीय कार्य 2. होंठों ही होंठों में ग़म या दुःख प्रदान
करने का धन्यवाद 3. मुंह पर शिकायत 4. दिखावे के 5. रंगीन जलवे 6. सन्तुष्टि 7. आर्त्तनाद
8. सम्बन्ध 9. जीवन को सहने की सामर्थ्य 10. नई से नई क्रान्तियां 11. पड़ाव, यात्राएं
12. उन्माद के लिए 13. कच्चे प्रेमी 14. सौन्दर्य या प्रेयसी की शिकायत करने वाले
15. भीतरी तपन से 16. अमर दीपक 17. मस्जिद और मन्दिर के चिराग

मिरी तबाहिए-दिल पर तो रहम खा न सके
मगर कभी वो नज़र से नज़र मिला न सके

य' आदमी है वो परवाना शमए-दानिश[1] का
जो रोशनी में रहे, रोशनी को पा न सके

न जाने, आह, कि उन आँसुओं पे क्या गुज़री
जो दिल से आँख तक आये, मिज़ह[2] तक आ न सके

करेंगे मरके बक़ाए - दवाम[3] क्या हासिल
जो ज़िंदा रहके मुक़ामे - हयात पा न सके

ज़हे - ख़ुलूसे - मुहब्बत[4], कि हादिसाते-जहाँ
मुझे तो क्या, मेरे नक़्शे-क़दम मिटा न सके

मेरी नज़र से गुरेज़ाँ[5] बहुत रहे, लेकिन
मिरे ख़ुलूसे-मुहब्बत से बचके जा न सके

ये मेहरो - माह मेरे हमसफ़र रहे बरसों
फिर इसके बाद मेरी गर्द को भी पा न सके

मिरी नज़र ने शबे-ग़म उन्हें भी देख लिया
वो बेशुमार सितारे, कि जगमगा न सके

नया ज़माना बनाने चले थे दीवाने
नई ज़मीन नया आस्माँ बना न सके

---

1. बुद्धि का दीपक 2. पलक 3. अमरता 4. सच्चा प्रेम 5. बचते रहना, दूर रहना

65

हर क़ैद से हर रस्म से बेगाना बना दे
दीवाना बना दे मुझे, दीवाना बना दे

अल्लाह ने तुझको मै - ओ - मैख़ाना बनाया
तू सारी फ़ज़ा को मै - ओ - मैख़ाना बना दे

तू साक़िए - मैखाना है, मैं रिंदे-बलानोश
मेरे लिए मैख़ाना को पैमाना बना दे

या दीदा-ओ-दिल में मेरे तू आप समा जा
या फिर दिल-ओ दीदा ही को वीराना बना दे

आलम तो है दीवाना 'जिगर' हुस्न की ख़ातिर
तू अपने लिए हुस्न को दीवाना बना दे

66

फ़िक्रे - मंज़िल[1] है न होशे-जादा-ए-मंज़िल[2] मुझे
जा रहा हूं जिस तरफ़ ले जा रहा है दिल मुझे
अब ज़बां[3] भी दे अदा-ए-शुक्र के[4] क़ाबिल मुझे
दर्द बख़्शा[5] है अगर तूने बजाए दिल मुझे
यूं तड़प कर दिल ने तड़पाया सरे-महफ़िल[6] मुझे
उनको क़ातिल कहने वाले कह उठे क़ातिल मुझे
जा भी ऐ नासेह[7] ! कहाँ का सूद[8] और कैसा ज़ियां[9]
इश्क़ ने समझा दिया है इश्क़ का हासिल[10] मुझे

---

1. मंज़िल (पर पहुँचने) की चिन्ता 2. मंज़िल तक पहुँचने वाले मार्ग का होश 3. वाक्-शक्ति
4. धन्यवाद कह सकने के 5. दिया 6. महफ़िल में 7. धर्मोपदेशक 8. लाभ 9. हानि
10. तथ्य या प्राप्ति

खूने-दिल रग-रग में जमकर रह गया इस वह्म से

    बढ़ के सीने से न लिपटा ले मेरा क़ातिल मुझे

फूंक दे ऐ ग़ैरते - सोज़े - मोहब्बत[1] फूंक दे

    अब समझती हैं वो नज़रें रहम के क़ाबिल मुझे

ऐ हुजूमे - ना - उमीदी[2] ! शादबाशो - ज़िन्दाबाश[3]

    तूने सब से कर दिया बेगाना-ओ-ग़ाफ़िल मुझे

दर्दे - महरूमी[4] सही, एहसासे - नाकामी[5] सही

    उसने समझा तो ब-हर-सूरत किसी क़ाबिल मुझे

यह भी क्या मन्ज़र है, बढ़ते हैं न हटते हैं क़दम,

    तक रहा हूं दूर से मंज़िल को मैं, मंज़िल मुझे

67

फिर दिल है क़स्दे-कूचा-ए-जानां[6] किये हुए

    रग-रग में नेशए-इश्क़ को पिनहां किये हुए[7]

फिर उज़्लते-ख़याल से[8] घबरा रहा है दिल

    हर वुसअते-ख़याल को[9] ज़िंदा[10] किये हुए

फिर चश्मे-शौक़[11] देर से लबरेज़े-शिकवा है

    क़तरों को मौज, मौज को तूफ़ां किये हुए

फिर है निगाहे - शौक़ को दीदार की हवस

    मुद्दत हुई है जुरते - इस्याँ[12] किये हुए

फिर जी यह चाहता है कि बैठे रहें 'जिगर'

    उनकी नज़र से भी उन्हें पिन्हां किये हुए

---

1. प्रेम की गर्मी के आत्मसम्मान 2. निराशाओं के समूह या बाढ़ 3. प्रसन्न और जीवित रहे 4. वंचना की पीड़ा 5. असफलता की अनुभूति 6. प्रेमिका की गली में जाने का इरादा 7. इश्क़ के डंक को छुपाये हुए 8. विचारों के एकांत से 9. विचारों के विस्तार को 10. कारागार 11. प्रेम-दृष्टि 12. गुनाह करने का दुस्साहस

68

दिल को मिटा के दाग़े तमन्ना दिया मुझे

ऐ इश्क़ तेरी ख़ैर हो, यह क्या दिया मुझे?

महशर[1] में बात भी न ज़बां से निकल सकी

क्या झुक के उस निगाह ने समझा दिया मुझे?

मैं और आरज़ू-ए-विसाले-परी-रुख़ां[2]

इस इश्क़े-सादालौह ने[3] बहका दिया मुझे

हर बार यास[4] हिज्र में दिल की हुई शरीक

हर मर्तबा उमीद ने धोखा दिया मुझे

दावा किया था ज़ब्ते-मोहब्बत का[5] ऐ 'जिगर'

ज़ालिम ने बात-बात पे तड़पा दिया मुझे

69

नज़र मिलते ही दिल को वक़्फ़े-तस्लीमो-रज़ा[6] कर दे

जहां से इब्तिदा[7] की है वहीं पर इन्तिहा[8] कर दे

वफ़ा पर दिल की सदक़े, जान को नज़्रे-जफ़ा[9] कर दे

मोहब्बत में ये लाज़िम है कि जो कुछ हो फ़ना[10] कर दे

चमन दूर, आशियां बरबाद, ये टूटे हुए बाजू

मेरा क्या हाल हो, सय्याद[11] गर मुझको रिहा कर दे

70

न जाने दिल में वो क्या सोचते रहे पैहम[12]

मेरे जनाज़े पे ता-देर[13] सिर झुकाए हुए

उन्हीं में राज़े-मोहब्बत किसी का पिनहां[14] था

जो ख़ुश्क हो गये आंसू मिज़ा तक[15] आए हुए

---

1. कयामत अर्थात् महाप्रलय 2. परी चेहरा हसीनों से मिलने की लालसा 3. निश्छल प्रेम
4. निराशा 5. प्रेम-भावना को दबाने का 6. उनकी इच्छा के अर्पण 7. प्रारम्भ 8. अन्त
9. अत्याचार की भेंट 10. खत्म कर दे 11. शिकारी 12. लगातार 13. देर तक 14. छुपा
हुआ था 15. पलकों तक

हुदूदे - कूचा - ए - महबूब[1] हैं वहीं से शुरू
    जहां से पड़ने लगे पांव डगमगाए हुए

71

ख़ार को गुल[2] और गुल को ख़ार जो चाहे करे
    तूने जो चाहा किया औ' यार जो चाहे करे
मस्तो-बेख़ुद[3], आक़िलो-हुशियार[4] जो चाहे करे
    शोखिये - तर्ज़े - तपाके - यार[5] जो चाहे करे
उसने यह कहकर दिया दिल को फ़रेबे-जुस्तजू[6]
    हश्र[7] तक अब आशिक़े-नाचार[8] जो चाहे करे
हर हक़ीक़त हुस्न की है बेनियाज़े-ए'तराफ़[9]
    अब कोई इक़रार या इनकार जो चाहे करे

72

आए ज़बां पे राज़े - मोहब्बत मुहाल है
    तुम से मुझे अज़ीज़ तुम्हारा ख़याल है
दिल था तेरे ख़याल से पहले चमन-चमन
    अब भी रविश-रविश[10] है मगर पायमाल है
कमबख़्त इस जुनूने-मुहब्बत[11] को क्या करूं
    मेरा ख़याल है न तुम्हारा ख़याल है
आंखें तो खोल, सर तो उठा, देख तो ज़रा
    कब से 'जिगर' वो चाँद सा चेहरा निढाल है

---

1. प्रेमिका की गली की सीमाएं 2. कांटे को फूल, 3. मस्त और बावला 4. बुद्धिमान और सतर्क 5. प्रेमिका द्वारा प्रेम की अभिव्यक्ति का चंचल तरीका 6. तलाश का धोखा 7. प्रलय के क्षण तक 8. विवश प्रेमी 9. स्वीकृति से लापरवाह 10. क्यारियों के बीच के छोटे मार्ग 11. प्रेमोन्माद

73

अगर न ज़ोहरा-जबीनों के[1] दरमियां गुज़रे

तो फिर ये कैसे कटे ज़िन्दगी, कहाँ गुज़रे

जो तेरे आरिज़ो-गेसू के[2] दरमियां गुज़रे

कभी-कभी तो वो लम्हे बला-ए-जां[3] गुज़रे

मुझे ये वहम रहा मुद्दतों कि जुरते-शौक़[4]

कहीं न ख़ातिरे - मासूम[5] पर गिरां गुज़रे

हर इक मुक़ामे-मोहब्बत बहुत ही दिलकश था

मगर हम अहले-मोहब्बत[6] कशां-कशां[7] गुज़रे

जुनूँ के[8] सख़्त मराहिल[9] भी तेरी याद के साथ

हसीं-हसीं नज़र आये, जवां-जवां गुज़रे

मेरी नज़र से तेरी जुस्तजू के सदक़े में

ये इक जहां ही नहीं, सैकड़ों जहां गुज़रे

हुजूमे-जल्वा में[10] परवाज़े-शौक़[11], क्या कहना

कि जैसे रूह सितारों के दरमियां गुज़रे

ख़ता मुआफ़, ज़माने से बदगुमां होकर

तेरा वफ़ा पे भी क्या-क्या हमें गुमां गुज़रे

मुझे था शिक्वा-ए-हिज्रां[12] कि ये हुआ महसूस

मेरे क़रीब से होकर वो नागहां[13] गुज़रे

बहुत हसीन मनाज़िर[14] भी हुस्ने-फ़ितरत के[15]

न जाने आज तबीयत पे क्यों गिरां[16] गुज़रे

मेरा तो फ़र्ज़ चमन-बन्दी-ए-जहां[17] है फ़क़त[18]

मेरी बला से, बहार आये या ख़िज़ां गुज़रे

कहाँ का हुस्न कि ख़ुद इश्क़ को ख़बर न हुई

रहे-तलब में[19] कुछ ऐसे भी इम्तिहां गुज़रे

---

1. सुन्दरियों के 2. कपोलों और केशों के 3. जान के लिए बला 4. प्रेम के प्रकटीकरण का साहस 5. (प्रेयसी के) मासूम दिल पर 6. प्रेमी 7. तेज़-तेज़ 8. उन्माद के 9. पड़ाव 10. ताबड़तोड़ दर्शनों में 11. प्रेम या लगन की उड़ान 12. वियोग की शिकायत 13. अनायास 14. दृश्य 15. प्रकृति के सौन्दर्य के 16. भारी 17. संसार-रूपी बाग़ की बाग़वानी 18. केवल 19. प्रेम-मार्ग

भरी बहार में तारांजी - ए - चमन[1] मत पूछ

    ख़ुदा करे न फिर आंखों से वो समां गुज़रे

कोई न देख सका जिनको दो दिलों के सिवा

    मुआमलात कुछ ऐसे भी दर्मियां गुज़रे

कभी-कभी तो इसी एक मुश्ते-ख़ाक के[2] गिर्द

    तवाफ़[3] करते हुए हफ़्त आस्मां[4] गुज़रे

बहुत अज़ीज़ है मुझको उन्हीं की याद 'जिगर'

    वो हादिसाते-मोहब्बत[5] जो नागहां[6] गुज़रे

74

जहले-ख़िरद ने[7] दिन ये दिखाये

    घट गये इन्सां बढ़ गये साये

हाय वो क्योंकर दिल बहलाये

    ग़म भी जिसको रास न आये

ज़िद पर इश्क़ अगर आ जाये

    पानी छिड़के, आग लगाये

दिल पे कुछ ऐसा वक़्त पड़ा है

    भागे, लेकिन राह न पाये

कैसा मजाज़[8] और कैसी हक़ीक़त[9]

    अपने ही जलवे अपने ही साये

कारे - ज़माना[10] जितना-जितना

    बनता जाये, बिगड़ता जाये

---

1. वाटिका का उजड़ना 2. मुट्ठी-भर मिट्टी के 3. परिक्रमा 4. सातों आकाश या सप्त लोक
5. प्रेम-सम्बन्धी दुर्घटनाएं 6. अनायास 7. बुद्धि की मूढ़ता ने 8. अवास्तविकता 9. वास्तविकता
10. संसार (को सुन्दर बनाने) का काम

75

इश्क़ की दास्तान है प्यारे
अपनी अपनी ज़बान है प्यारे

रख क़दम फूँक फूँक कर नादाँ
ज़र्रे ज़र्रे में जान है प्यारे

इश्क़ की एक - एक नादानी
इल्मो - हिकमत[1] की जान है प्यारे

इसको क्या कीजिए जो लब न खुलें
यूँ तो मुंह में ज़बान है प्यारे

हाँ, तेरे अहद[2] में 'जिगर' के सिवा
हर कोई शादमान[3] है प्यारे

76

जब से तू मिहरबान है प्यारे
और दिल बदगुमान है प्यारे

तू जहाँ नाज़ से क़दम रख दे
वो ज़मीं आसमान है प्यारे

उसकी बातों में तू न आ जाना
इश्क़ जादूबयान है प्यारे

---

1. ज्ञान-विज्ञान 2. दौर 3. प्रसन्न

इन दिनों दिल के रंग-ढंग न पूछ
कुछ अजब आन बान है प्यारे

सच बता इसमें कोई बात भी है
या युँ ही मेहरबान है प्यारे

तेरा दीवान-ए-गरीब 'जिगर'
फ़ख़्रे - हिंदोस्तान है प्यारे

77

दिल भला या बुरा है क्या कहिए
आपका नक़्शे-पा[1] है क्या कहिए

बंदगी जिसकी है फ़क़त रोना
वो हमारा खुदा है क्या कहिए

इंतेहा के हैं इश्क़ में सदमें
और अभी इब्तिदा[2] है क्या कहिए

अभी पाबंद है, अभी आज़ाद
इश्क़ का दिल भी क्या है क्या कहिए

इश्क़ तो इश्क़, हुस्न से बेज़ार[3]
दिल को क्या हो गया है क्या कहिए

आज हाले - दिले - तबाह[4] 'जिगर'
हमने क्योंकर सुना है क्या कहिए

---

1. पैरों के निशान 2. आरम्भ, शुरुआत 3. असन्तुष्ट 4. बरबाद दिल का हाल

78

ज़ख़्म वो दिल पे लगा है कि दिखाए न बने
और चाहें कि छुपा लें, तो छुपाए न बने

हाय बेचारगिए-इश्क़[1], कि उस महफ़िल में
सर झुकाये न बने, आँख उठाये न बने

ये समझ लो कि ग़मे-इश्क़ की तकमील[2] हुई
होश में आके भी जब होश में आये न बने

किस क़दर हुस्न भी मजबूरे-कशाकश[3] है, कि आह
मुँह छुपाए न बने, सामने आये न बने

हाय वो आलमे-पुरशौक़[4], कि जिस वक़्त 'जिगर'
उसकी तस्वीर भी सीने से लगाये न बने

79

ये मिसूरा[5] काश नक़्श[6] हर दरो-दीवार हो जाए
जिसे जीना हो, मरने के लिए तैयार हो जाए

सुना है हश्र में[7] आंखें उसे बे पर्दा देखेंगी
मुझे डर है न तौहीने-जमाले-यार[8] हो जाए

यही है ज़िंदगी, तो ज़िंदगी से ख़ुदकशी अच्छी
कि इंसाँ आलमे-इंसानियत पर भार हो जाए

---

1. प्रेम की विवशता 2. पूर्णता 3. उलझन भरा 4. प्रेमपूर्ण वातावरण 5. पंक्ति 6. अंकित
7. परलोक में 8. प्रेयसी की सुन्दरता की तौहीन

ये रोज़ो-शब, ये सुबहो-शाम, ये बस्ती, ये वीराना
सभी बेदार[1] हैं इंसाँ अगर बेदार हो जाए

80

खुदा करे कि ये दस्तूर साज़गार[2] आए
जो बेक़रार हैं अब तक उन्हें क़रार आए

बहार आए और इस शान की बहार आए
कि फूल ही नहीं, कांटों पे भी निखार आए

ज़बानो-दिल में ब हम इर्तबात[3] हो ऐसा
कि जो ज़बान कहे दिल को ऐतबार[4] आए

बना दिया है मुहब्बत ने आग को गुलज़ार
मगर जो आज के इंसाँ को ऐतबार आए

81

जिस रंग में देखो उसे, वो पर्दानशीं[5] है
और उस पे ये पर्दा है, कि पर्दा ही नहीं है

मुझसे कोई पूछे तिरे मिलने की अदाएँ
दुनिया तो ये कहती है कि मुमकिन ही नहीं है

मेरी ही तरह वो भी न हो हिज्र में बेताब[6]
हर साँस के साथ आज इक आवाज़े-हज़ीं[7] है

---

1. जाग्रत 2. चलन व्यवहार में आए 3. आपस में तालमेल 4. भरोसा 5. पर्दे में छिपा हुआ
6. वियोग में व्याकुल 7. घुटती हुई आवाज़

किस किस से तिरे इश्क़ में दामन को छुड़ाऊँ
कौनैन[1] है और एक मेरी जाने-हज़ीं[2] है

82

क्या बतायें इश्क़ ज़ालिम क्या क़यामत ढाये है
    यह समझ लो जैसे दिल सीने से निकला जाये है
जब नहीं तुम, तो तसव्वुर[3] भी तुम्हारा क्या ज़रूर
    उससे भी कह दो कि यह तकलीफ़ क्यों फ़रमाये है
हाय वो आलम न पूछो इज़्तिराबे - इश्क़ का[4]
    यक-ब-यक जिस वक़्त कुछ-कुछ होश-सा आ जाये है
किस तरफ़ जाऊं ? किधर देखूं ? किसे आवाज़ दूं ?
    ऐ हुजूमे - नामुरादी![5] जी बहुत घबराये है

83

दिल में तुम हो नज़अ का हंगाम[6] है
    कुछ सहर का वक़्त है कुछ शाम है
इश्क़ ही ख़ुद इश्क़ का इनआम है
    वाह, क्या आग़ाज़[7], क्या अंजाम[8] है
पीने वाले एक ही दो हों तो हों
    मुफ़्त सारा मैकदा बदनाम है
दर्दो - ग़म दिल की तबीअत बन चुके
    अब यहां आराम ही आराम है

84

सोज़ में भी वही इक नग़्मा है जो साज़ में है
    फ़र्क़ नज़दीक की और दूर की आवाज़ में है

---

1. इहलोक-परलोक 2. छटपटाते प्राण 3. कल्पना 4. इश्क़ की व्याकुलता का 5. विफलताओं
के समूह (भरमार) 6. चाँदनी का समय 7. आरम्भ 8. अन्त

यह सबब है कि तड़प सीना-ए-हर-साज़ में[1] है
मेरी आवाज़ भी शामिल तेरी आवाज़ में है
जो न सूरत में न मा'नी में[2] न आवाज़ में है
दिल की हस्ती भी उसी सिलसिला-ए-राज़ में[3] है
आशिक़ों के दिले-मजरूह[4] से कोई पूछे
वो जो इक लुत्फ़ निगाहे-ग़लत-अंदाज़[5] में है
गोशे-मुश्ताक़[6] की क्या बात है अल्लाह-अल्लाह
सुन रहा हूं मैं वो नग़्मा जो अभी साज़ में है

85

दुनिया ये उसी की है, आलम[7] ये उसी का है
जो आप ही मजनूं है जो आप ही लैला है
आग़ाज़े-मोहब्बत का[8] अंजाम बस इतना है
तब दिल में तमन्ना थी अब दिल में तमन्ना है
क्या हुस्न का अफ़साना महदूद[9] हो लफ़्ज़ों में
आंखें ही कहें उसको आंखों ने जो देखा है
कहने के लिए कह लें, सब कुछ इसे अहले-दिल
ख़ुद वरना मोहब्बत भी इक तरह का पर्दा है

86

कुछ इस अदा से आज वो पहलूनशीं[10] रहे
जब तक हमारे पास रहे हम नहीं रहे
ईमानो-कुफ़्र[11] और न दुनिया व दीं[12] रहे
ऐ इश्क़! शादबाश[13] कि तनहा हमीं रहे
या रब किसी के राज़े - मोहब्बत[14] की ख़ैर हो
दस्ते - जुनूँ[15] रहे न रहे, आस्तीं[16] रहे

---

1. प्रत्येक साज़ की छाती में 2. अर्थों में 3. भेदों की लड़ी में 4. घायल हृदय 5. उचटती हुई नज़र 6. उत्कंठित कान 7. संसार 8. प्रेम के आरम्भ का 9. सीमित 10. पहलू में बैठे 11. धर्म-अधर्म 12. धर्म 13. प्रसन्न रहे 14. प्रेम का भेद 15. उन्माद का हाथ 16. आस्तीन

जा और कोई ज़ब्त[1] की दुनिया तलाश कर

ऐ इश्क़ ! हम तो अब तेरे क़ाबिल नहीं रहे

मुझको नहीं क़ुबूल दो आलम की[2] वुसअतें[3]

क़िस्मत में कू-ए-यार की[4] दो गज़ ज़मीं रहे

दर्दे - ग़मे - फ़िराक़ के[5] ये सख़्त मरहले[6]

हैरां[7] हूं मैं कि फिर भी तुम इतने हसीं रहे

इस इश्क़ की तलाफ़ी - ए - माफ़ात[8] देखना

रोने की हसरतें हैं अब आंसू नहीं रहे

87

क्या बराबर का मोहब्बत में असर होता है

दिल इधर होता है ज़ालिम न उधर होता है

हमने क्या कुछ न किया दीदा-ओ-दिल की[9] ख़ातिर

लोग कहते हैं दुआओं में असर होता है

दिल तो यूं दिल से मिलाया कि न रक्खा मेरा

अब नज़र के लिए क्या हुक्मे-नज़र होता है

कौन देखे उसे बेतावे-मोहब्बत[10] ऐ दिल

तू वो नाले[11] ही न कर जिनमें असर होता है

88

यूं भी मुझे तो हासिल आरामे-जां[12] नहीं है

अब तू जो मेहरबां है, दिल मेहरबां नहीं है

जो दास्तां है अपनी अफ़साना है किसी का

शायद मेरे दहन में[13] मेरी ज़बां नहीं है

---

1. सहन 2. दोनों लोकों की 3. विशालताएँ 4. प्रेयसी की गली की 5. जुदाई के ग़म की पीड़ा के 6. कठिनाइयाँ 7. हैरान 8. समय निकल जाने के बाद की क्षतिपूर्ति 9. दिल और आँख की 10. प्रेम में व्याकुल 11. आर्त्तनाद 12. जान अर्थात् तन-मन का सुख 13. मुँह में

हां ए जमाले-जानां[1] इक और भी तजल्ली[2]
  दुनिया मेरी नज़र में जब तक जवां नहीं है
शायद तेरी नज़र से कुछ राज़े-दिल समझ लूं
  कहते हैं इश्क जिसको मेरी ज़बां नहीं है

89

क्यों दूर हट के जायें हम दिल को सरजमीं से[3]
  दोनों जहां की सैरें हासिल हैं सब यहीं से
यह राज़ सुन रहे हैं एक मौजे-तहनशीं[4] से
  डूबे हैं हम जहां पर, उभरेंगे फिर वहीं से
इनकार और उस पर इसरार[5], वो भी पैहम[6]
  तुम मुझको चाहते हो साबित हुआ यहीं से

90

सुन तो ऐ दिल ये बरहमी[7] क्या है
  आज कुछ दर्द में कमी क्या है
जिस्म महदूद[8], रूह लामहदूद[9]
  फिर ये इक रब्ते-बाहमी[10] क्या है
हम नहीं जानते मोहब्बत में
  रंज क्या चीज़ है, ख़ुशी क्या है
इक नफ़स[11] ख़ुल्द[12] इक नफ़स दोज़ख़
  कोई पूछे ये ज़िन्दगी क्या है

91

अजब आलम सा दिल पर छा रहा है
हसीं जैसे कोई शर्मा रहा है

---

1. प्रेयसी की सुन्दरता 2. आभा, झलक 3. धरती (सीमाओं) से 4. तह में बहने वाली लहर
5. आग्रह 6. निरन्तर या ताबड़तोड़ 7. अस्त-व्यस्तता 8. सीमित 9. असीम 10. आपसी सम्बन्ध
11. श्वास 12. स्वर्ग

वो जुल्फ़ें दोश[1] पर बिखरी हुई हैं
जहाने - आरज़ू थर्रा रहा है

गले मिल कर वो रुख़्सत हो रहे हैं
मुहब्बत का ज़माना आ रहा है

वो ख़ुद तस्कीने-ख़ातिर[2] कर रहे हैं
मगर दिल है कि डूबा जा रहा है

तबीअत है कि ठहरी जा रही है
ज़माना है कि गुज़रा जा रहा है

मिरी रूदादे-ग़म[3] वो सुन रहे हैं
तबस्सुम[4] सा लबों पर आ रहा है

'जिगर' ही का न तो अफ़साना कोई
दरो-दीवार का हाल आ रहा है

92

मुहब्बत सुलह भी, पैकार[5] भी है
वो शाख़े-गुल भी है, तलवार भी है

तबीअत इश्क़ की ख़ुद्दार भी है
इधर नाज़ुक मिज़ाजे-यार भी है

महफ़िलें जिनसे इक दुनिया है नालाँ[6]
इन्हीं से गरमिए-बाज़ार भी है

---

1. कन्धों पर 2. दिलासा देना, ढाँढ़स बँधाना 3. दुख की दास्तान 4. सुर्ख़ी या चमक या मुस्कुराहट 5. युद्ध, संघर्ष 6. बेहाल

ग़नीमत है कि इस दौरे-हविस में
तिरा मिलना बहुत दुश्वार भी है

93

कौन ये जाने-तमन्ना[1] इश्क़ की मंज़िल में है
        जो तमन्ना दिल से निकली, फिर जो देखा दिल में है
उठ गया आख़िर मोहब्बत का भी पर्दा उठ गया
        अब न मेरे दिल में हसरत है न उसके दिल में है
देखिए करती है क्या-क्या उनकी नज़रों में हक़ीर[2]
        ये जो ज़ालिम इक लहू की बूंद अब तक दिल में है
बेख़ुदी[3] मंज़िल से भी कोसों निकल आई 'जिगर'
        जुस्तजू आवारा अब तक जादा-ए-मंज़िल में[4] है

94

यादे-जानां भी[5] अजब रूह-फ़ज़ा[6] आती है
        सांस लेता हूं तो जन्नत की हवा आती है
मर्गे; नाकामे-मोहब्बत[7] मेरी तक़सीर[8] मुआफ़
        ज़ीस्त[9] बन-बन के मेरे हक़ में क़ज़ा[10] आती है
नहीं मालूम वो ख़ुद हैं कि मोहब्बत उनकी
        पास ही से कोई बेताब सदा[11] आती है
मैं तो इस सादगी-ए-हुस्न पे[12] उसके सदक़े
        न जफ़ा आती है जिसको न वफ़ा आती है
हाय क्या चीज़ है ये तक्मिला-ए-हुस्नो-शबाब[13]
        अपनी सूरत से भी अब उनको हया आती है

---

1. प्रेयसी, प्रियतमा 2. तुच्छ 3. आत्मविस्मृत 4. मंज़िल की राह में 5. प्रेयसी की याद भी
6. प्राणवर्धक 7. असफल प्रेम की मृत्यु 8. अपराध 9. जीवन 10. मृत्यु 11. आवाज़
12. सौन्दर्य की सादगी पर 13. सुन्दरता और यौवन की पूर्ति

95

हर इक से बेगाना बन रहे हैं, किसी की जानिब नज़र नहीं है
ख़बर वो रखते हैं इस तरह से कि जैसे कोई ख़बर नहीं है
तुझे नहीं मुझसे रब्ते-असलन[1], ये मैंने माना, मगर ये बतला
मेरे तसव्वुर में[2] क्यों है ऐसा, तेरी तवज्जह अगर नहीं है
शबाब मैकश[3], जमाल[4] मैकश, ख़याल मैकश, निगाह मैकश
ख़बर वो रक्खेंगे क्या किसी की, उन्हें ख़ुद अपनी ख़बर नहीं है

96

ऐ हुस्ने-यार! शर्म, यह क्या इन्क़िलाब है
    तुझसे ज़ियादा दर्द तेरा कामयाब है
आशिक़ की बेदिली का तग़ाफ़ुल[5] नहीं जवाब
    उसका बस एक जोशे-मोहब्बत जवाब है
मैं इश्क़े-बेनियाज़[6] हूं, तुम हुस्ने-बेपनाह
    मेरा जवाब है न तुम्हारा जवाब है
मैख़ाना है उसी का, यह दुनिया उसी की है
    जिस तश्ना-लब के[7] हाथ में जामे-शराब है
उससे दिले-तबाह की रूदाद[8] क्या कहूं
    जो यह न सुन सके कि ज़माना ख़राब है
ऐ मोहतसिब[9]! न फेंक, मेरे मोहतसिब! न फेंक
    ज़ालिम! शराब है! अरे ज़ालिम! शराब है
अपने हुदूद से[10] न बढ़े कोई इश्क़ में
    जो ज़र्रा जिस जगह है, वहीं आफ़ताब[11] है
मेरी निगाहे-शौक़[12] भी कुछ कम नहीं मगर
    फिर भी तेरा शबाब, तेरा ही शबाब है

---

1. वास्तविक सम्बन्ध 2. कल्पना में 3. यौवन शराबी है 4. सौन्दर्य 5. उपेक्षा 6. निःस्पृह इश्क़ 7. प्यासे के 8. वृत्तान्त 9. रसाध्यक्ष 10. सीमाओं से 11. सूर्य 12. इश्क़ की नज़र

सर्माया-ए-फ़िराक़[1] 'जिगर' आह कुछ न पूछ

इक जान है, सो अपने लिए ख़ुद अज़ाब[2] है

97

यह मैकशी[3] है तो फिर शाने-मैकशी क्या है

बहक न जाये जो पीकर, वो रिंद[4] ही क्या है

बस एक सिम्त[5] उड़ा जा रहा हूं वहशत में[6]

ख़बर नहीं कि ख़ुदी[7] क्या है, बेख़ुदी[8] क्या है

मैं ज़हरे-मर्ग[9] गवारा करूं कि तल्ख़ी-ए-ज़ीस्त[10]

मेरी ख़ुशी तो है सब कुछ, तेरी ख़ुशी क्या है

यह दर्स[11] मैंने लिया मकतबे-मोहब्बत से[12]

किसी तरह जो बहल जाये ज़िन्दगी क्या है

98

इक लफ़्ज़े-मोहब्बत[13] का अदना[14] ये फ़साना है

सिमटे तो दिले-आशिक़[15], फैले तो ज़माना है

हम इश्क़ के मारों का इतना ही फ़साना है

रोने को नहीं कोई हंसने को ज़माना है

वो और वफ़ा-दुश्मन, मानेंगे न माना है

सब दिल की शरारत है आंखों का बहाना है

क्या हुस्न ने समझा है, क्या इश्क़ ने जाना है

हम ख़ाक-नशीनों की[16] ठोकर में ज़माना है

ऐ इश्क़े - जुनूं - पेशा[17] ! हां इश्क़े - जुनूं - पेशा

आज एक सितमगर को[18] हंस-हंस के रुलाना है

---

1. जुदाई की सम्पत्ति 2. मुसीबत 3. शराब पीना 4. मद्यप 5. ओर 6. भय तथा घबराहट में 7. अहंभाव 8. आत्मविस्मृति 9. मृत्युरूपी विष 10. जीवन की कटुता 11. पाठ 12. प्रेम की पाठशाला से 13. प्रेम के शब्द 14. छोटा-सा 15. प्रेमी का दिल 16. मिट्टी या धरती पर रहने वालों की 17. उन्मादी प्रेम 18. अत्याचारी (प्रेयसी) को

यह इश्क़ नहीं आसां, इतना ही समझ लीजे

    एक आग का दरिया है और डूब के जाना है

आंसू तो बहुत से हैं आंखों में 'जिगर' लेकिन

    बिंध जाये सो मोती है रह जाये सो दाना है

99

कब तक आख़िर मुश्किलाते-शौक़[1] आसां कीजिए

    अब मोहब्बत को मोहब्बत ही पे क़ुर्बां कीजिये

चाहता है इश्क़ राज़े-हुस्न उरियां कीजिए

    यानी ख़ुद खो जाइए; उनको नुमायां कीजिए

100

सुनता हूं कि हर हाल में वो दिल के क़रीं[2] है

    जिस हाल में हो, अब मुझे अफ़सोस नहीं है

ज़ाहिद[3] मगर इस रम्ज़ से[4] आगाह[5] नहीं है

    सिजदा वही सिजदा है कि जो नंगे-जबीं[6] है

जिस रंग में देखो उसे वो पर्दानशीं है

    और इस पे ये पर्दा है कि पर्दा ही नहीं है

हर एक मकां में कोई इस तरह मकीं है[7]

    पूछो तो कहीं भी नहीं, देखो तो यहीं है

मुझसे कोई पूछे तेरे मिलने की अदाएं

    दुनिया तो यह कहती है कि मुमकिन ही नहीं है

मैं और तेरे हिज्रे - जफ़ाकार के[8] सदक़े

    इस बात पे जीता हूं कि मरने का यक़ीं है

इस बज़्मे-हक़ीक़त की[9] हक़ीक़त मैं कहूं क्या

    नग़्मों का तलातुम[10] तो है, आवाज़ नहीं है

---

1. प्रेम-मार्ग की कठिनाइयां 2. निकट 3. विरक्त 4. भेद से 5. परिचित 6. माथे का कलंक
7. आबाद है 8. दुखदायक बिछोह के 9. संसार की 10. तूफ़ान

किस-किस से तेरे इश्क़ में दामन को छुड़ाऊं
कौनैन[1] है और एक मेरी जाने-हज़ीं[2] है

101

किस का ख़याल, कौन सी मंज़िल नज़र में है
सदियाँ गुज़र गईं कि ज़माना सफ़र में है

चेहरे पे बरहमी[3] है, तबस्सुम नज़र में है
अब क्या कमी तबाहिए-क़ल्बो-जिगर[4] में है

समझे थे तुझसे दूर निकल जायेंगे कहीं
देखा तो हर मुक़ाम तिरी रहगुज़र[5] में है

करीगराने शे'र[6] से पूछे कोई 'जिगर'
सब कुछ तो है मगर ये कमी क्यों असर[7] में है

102

किसी सूरत नुमूदे-सोज़े-पिनहानी[8] नहीं जाती
बुझा जाता है दिल, चेहरे की ताबानी[9] नहीं जाती
नहीं जाती कहाँ तक फ़िक्रे-इनसानी[10] नहीं जाती
मगर अपनी हक़ीक़त आप पहचानी नहीं जाती
निगाहों को ख़िज़ां-नाआशना[11] बनना तो आ जाये
चमन जब तक चमन है जल्वा-सामानी[12] नहीं जाती
सदाक़त हो तो दिल सीनों से खिंचने लगते हैं वाइज़
हक़ीक़त खुद को मनवा लेती है, मानी नहीं जाती

---

1. उभय लोक 2. दुखित आत्मा 3. क्रोध 4. दिल और जिगर की तबाही 5. राह में 6. शे'र
के कारीगरों से 7. प्रभाव 8. भीतरी तपन की अभिव्यक्ति 9. दीप्ति 10. मानव-चिन्ता
11. पतझड़ से अपरिचित 12. जल्वा दिखाना

जिसे रौनक़ तेरे क़दमों ने देकर छीन ली रौनक़

वो लाख आबाद हो, उस घर की वीरानी नहीं जाती

वो यूं दिल से गुज़रते हैं कि आहट तक नहीं होती

वो यूं आवाज़ देते हैं कि पहचानी नहीं जाती

नहीं मालूम किस आलम[1] में हुस्ने-यार देखा था

कोई आलम हो लेकिन दिल की हैरानी नहीं जाती

मोहब्बत में इक ऐसा वक़्त भी दिल पर गुज़रता है

कि आंसू खुश्क हो जाते हैं तुग़यानी[2] नहीं जाती

'जिगर' वो भी ज़े-सर-ता-पा[3] मुहब्बत ही मुहब्बत हैं

मगर उनकी मुहब्बत साफ़ पहचानी नहीं जाती

103

वो काफ़िर आशना, नाआशना[4] यूं भी है और यूं भी

हमारी इब्तिदा - ता - इन्तिहा[5] यूं भी है और यूं भी

तआज्जुब क्या अगर रस्मे-वफ़ा यूं भी है और यूं भी

कि हुस्नो-इश्क़ का हर मअसला यूं भी है और यूं भी

कहीं ज़र्रा कहीं सहरा कहीं क़तरा कहीं दरिया

मोहब्बत और उसका सिलसिला यूं भी है और यूं भी

वो मुझसे पूछते हैं, एक मक़सद मेरी हस्ती का

बताऊं क्या कि मेरा मुद्दआ यूं भी है और यूं भी

हम उनसे क्या कहें ? वो जानें उनकी मस्लहत जाने

हमारा हाले-दिल तो बरमला[6] यूं भी है और यूं भी

न पा लेना तेरा आसां, न खो देना तेरा मुमकिन

मुसीबत में ये जाने - मुब्तला यूं भी है और यूं भी

---

1. अवस्था 2. बाढ़ 3. सिर से पैर तक 4. अपरिचित 5. प्रारम्भ से अन्त 6. स्पष्ट

104

दिल गया रौनक़े - हयात[1] गई
  ग़म गया सारी कायनात[2] गई
दिल धड़कते ही फिर गई वो नज़र
  लब तक आई न थी कि बात गई
दिन का क्या ज़िक्र तीरह-बख़्तों में[3]
  एक रात आई, एक रात गई
तेरी बातों से आज तो वाइज़[4]
  वो जो थी ख़्वाहिशे-नजात[5], गई
तर्के - उल्फ़त[6] बहुत बजा नासेह[7]
  लेकिन उस तक अगर ये बात गई
क़ैदे - हस्ती से[8] कब नजात 'जिगर'
  मौत आई अगर हयात गई

105

कहाँ वो शोख़, मुलाक़ात खुद से भी न हुई
  बस एक बार हुई, और फिर कभी न हुई
ठहर - ठहर दिले - बेताब प्यार तो कर लूं
  अब इसके बाद मुलाक़ात फिर हुई न हुई
वो कुछ सही-न-सही फिर भी ज़ाहिदे-नादां[9]
  बड़े-बड़ों से मोहब्बत में काफ़िरी[10] न हुई
इधर से भी है सिवा कुछ उधर की मजबूरी
  कि हमने आह तो की उनसे आह भी न हुई

---

1. ज़िन्दगी की आभा या चमक 2. सृष्टि 3. बदक़िस्मत 4. धर्मोपदेशक 5. मुक्ति की आकाँक्षा
6. प्रेम का परित्याग 7. नसीहत देने वाला 8. ज़िन्दगी की क़ैद 9. नादान तपस्वी या पुजारी
10. अधार्मिकता

106

क्या चीज़ थी क्या चीज़ थी ज़ालिम की नज़र भी
    उफ़ करके वहीं बैठ गया दर्द - जिगर भी
होती ही नहीं कम शबे-फ़ुर्क़त की सियाही
    रुख़्सत हुई क्या शाम के हमराह[1] सहर[2] भी
यह मुजरिमे-उल्फ़त[3] है, वो है मुजरिमे-दीदार[4]
    दिल लेके चले हो तो लिये जाओ नज़र भी
क्या देखेंगे हम जल्वा-ए-महबूब[5] कि हमसे
    देखी न गई देखने वाले की नज़र भी
वाइज़[6] न डरा मुझको क़यामत की सहर से
    देखी है इन आंखों ने क़यामत की सहर भी
है फ़ैसला - ए - इश्क़ ही मन्ज़ूर तो उठिए
    अग़ियार[7] भी मौजूद हैं हाज़िर है 'जिगर' भी

107

मुझे ऐ शोरे-महशर[8] तूने क्यों चौंका दिया उठकर
    बलाएं ले रहा था बेख़ुदी में[9] अपने क़ातिल की
न तोड़ ऐ दस्ते-गुलची[10] बाग़ में फूलों की कलियों को
    कि इनमें कुछ शबाहत[11] पाई जाती है मेरे दिल की
'जिगर' मैंने छुपाया लाख अपना दर्दे-ग़म लेकिन
    बयां कर दीं मेरी सूरत ने सब कैफ़ीयतें दिल की

108

दास्ताने - ग़मे - दिल[12] उनको सुनाई न गई
    बात बिगड़ी थी कुछ ऐसी कि बनाई न गई

---

1. साथ 2. सुबह 3. प्रेम का अपराधी 4. दर्शनों का अपराधी 5. प्रेयसी का जलवा (दर्शन)
6. धर्मोपदेशक 7. ग़ैर 8. ऐ प्रलय के शोर! 9. आत्म-विस्मृति में 10. माली के हाथ
11. रूप या नयन-नक़्श 12. दिल के दुख की कथा

सबको हम भूल गये जोशे-जुनूँ[1] में लेकिन
    इक तेरी याद थी ऐसी जो भुलाई न गई
इश्क़ पर कुछ न चला दीदा-ए-तर का[2] काबू
    उसने जो आग लगा दी वो बुझाई न गई
क्या उठाएगी सबा[3] ख़ाक[4] मेरी उस दर से
    यह क़यामत[5] तो ख़ुद उनसे भी उठाई न गई

109

दिले-हज़ीं की[6] तमन्ना दिले-हज़ीं में रही
    ये जिस ज़मीं की थी दुनिया उसी ज़मीं में रही
हिजाब बन न गई हों हक़ीकतें बाहम[7]
    कि बेसबब तो कशाकश[8] न कुफ़्रो-दी में[9] रही
सरे-नियाज़[10] न जब तक किसी के दर पे झुका
    बराबर एक ख़लिश-सी[11] मेरी जबीं में[12] रही?

110

और भी मेरे लिए आफ़त का सामां[13] हो गई
    हाय वो मख़्मूर आंखें[14] अब पशेमां[15] हो गई
धज्जियां बाक़ी हैं जितनी अब मेरे किस काम की
    जो गिरेबां होने वाली थीं गिरेबां हो गई
अब कहाँ दिल की तमन्नाओं की बज़्म-आराइयां[16]
    आंख झपकी थी कि सब ख़्वाबे-परेशां[17] हो गई

---

1. उन्माद या दीवानगी के जोश में 2. सजल नेत्र 3. हवा 4. धूल, मिट्टी 5. मुसीबत
6. दुखी हृदय की 7. वास्तविकताएँ आपस में मिल कर पर्दा बन गई हों 8. खींचतान
9. धर्म-अधर्म में 10. कामना से पूर्ण सिर 11. कसक सी 12. माथे में 13. सामान
14. नशे में चूर आंखें 15. निराश, थकित 16. तमन्नाओं या लालसाओं को तरतीब देना
17. खंडित स्वप्न

111

क्या ख़ाक सैर कीजे दुनिया-ए-रंगो-बू की[1]
मोहलत न आरज़ू की, फ़ुर्सत न जुस्तजू की
तुम दिल उसे समझ लो या जान आरज़ू की
सीने में अब से पहले इक बूंद थी लहू की

112

तय मंज़िलें हुई हैं यूं इश्क़ो-आरज़ू की
कुछ मैंने जुस्तजू की कुछ उसने जुस्तजू की
अब क्या जवाब दूं मैं कोई मुझे बताये
वो मुझसे कह रहे हैं क्यों मेरी आरज़ू की
मायूस होके पलटीं जब हर तरफ़ से नज़रें
दिल ही को बुत बनाया दिल ही से गुफ़्तगू की

113

तेरी ख़ुशी में अगर ग़म में भी ख़ुशी न हुई
वो ज़िंदगी तो मुहब्बत की ज़िंदगी न हुई

कोई बढ़े न बढ़े हम तो जान देते हैं
फिर ऐसी चश्मे-तवज्जोह[2] हुई, हुई न हुई

सबा[3] ये उनसे हमारा पयाम[4] कह देना
गये हो जब से, यहां सुबहो-शाम ही न हुई

इधर से भी है सिवा[5] कुछ उधर की मजबूरी
कि हमने आह तो की, उनसे आह भी न हुई

---

1. रंग और खुशबू की दुनिया की 2. कृपा-दृष्टि 3. हवा 4. सन्देश 5. ज़्यादा

ख़याले-यार, सलामत तुझे ख़ुदा रक्खे
तिरे बग़ैर कभी घर में रौशनी न हुई

114

आई जब उनकी याद तो आती चली गई
हर नक़्शे-मासिवा[1] को मिटाती चली गई

हर वाक़िआ[2] क़रीबतर आता चला गया
हर शै[3] हसीनतर[4] नज़र आती चली गई

जितना ही कुछ सुकून सा आता चला गया
उतना ही बेक़रार बनाती चली गई

---

1. ईश्वरीय के अतिरिक्त हर चिह्न 2. घटना 3. चीज़ 4. अधिक ख़ूबसूरत

नज़्में

साक़ी से ख़िताब

कहाँ से बढ़के पहुंचे हैं कहाँ तक इल्मो-फ़न[1] साक़ी

    मगर आसूदा[2] इन्सां का न तन साक़ी न मन साक़ी

यह सुनता हूं कि प्यासी है बहुत ख़ाके-वतन साक़ी

    ख़ुदा हाफ़िज़ चला मैं बांधकर सिर से कफ़न साक़ी

सलामत तू, तेरा मैख़ाना, तेरी अंजुमन साक़ी

    मुझे करनी है अब कुछ ख़िदमते-दारो-रसन[3] साक़ी

रगो-पै में[4] कभी सहबा[5] ही सहबा रक़्स करती थी

    मगर अब ज़िन्दगी ही ज़िन्दगी है मौजज़न[6] साक़ी

न ला वस्वास[7] दिल में, जो हैं तेरे देखने वाले

    सरे-मक़तल[8] भी देखेंगे चमन-अन्दर-चमन साक़ी

तेरे जोशे-रक़ाबत का[9] तक़ाज़ा कुछ भी हो लेकिन

    मुझे लाज़िम नहीं है तर्के-मंसब[10] दफ़अतन[11] साक़ी

अभी नाक़िस[12] है मेआरे-जुनूं[13], तंज़ीमे-मैख़ाना[14]

    अभी नामो'तबर[15] है तेरे मस्तों का चलन साक़ी

वही इन्सां, जिसे सरताजे-मख़लूक़ात[16] होना था

    वही अब सी है रहा अपनी अज़्मत का[17] कफ़न साक़ी

---

1. ज्ञान और कलाएँ 2. सम्पन्न, सन्तुष्ट 3. सूली और बेड़ियों की सेवा, अर्थात् मुझे सामाजिक बन्धनों को तोड़ना है, भले ही क़ैद या सूली का दण्ड मिले 4. नस-नस में 5. शराब 6. लहरें लेती है 7. सन्देह 8. वधस्थल में 9. प्रतिद्वंद्विता के जोश का 10. अपने उच्च पद को त्याग देना 11. एकाएक 12. अपूर्ण 13. उन्माद का स्तर 14. मधुशाला का प्रबन्ध 15. अविश्वसनीय 16. प्राणियों का शिरोमणि 17. महानता का

लिबासे-हुर्रियत[1] के उड़ रहे हैं हर तरफ़ पुर्ज़े
बिसाते-आदमीयत[2] है शिकन-अन्दर-शिकन[3] साक़ी
मुझे डर है कि इस नापाकतर[4] दौरे-सियासी में[5]
बिगड़ जाये न ख़ुद मेरा मज़ाक़े-शे'रो-फ़न[6] साक़ी

---

1. राष्ट्रीयता-रूपी-लिबास 2. मानवता-रूपी बिछौना 3. सलवटें पड़ी हुई 4. अति अपवित्र
5. राजनीतिक युग में 6. काव्य-कला की रुचि का स्तर

शे'र

बातें हैं दो, मक़सूद[1] है एक
तेरी तलब या अपनी तलब
तर्के - तलब[2] और इत्मीनान
देख तो मेरा हुस्ने - तलब[3]

तुम्हें भी ख़बर है जो तुम कह गये हो?
ख़ुद अपनी अदाओं से मसहूर[4] होकर

मुझे क्या पड़ी है तेरे दर से उट्ठूँ
ठहरने जो दे इज़्तिराबे-मुहब्बत[5]

रह गया है अब तो बस इतना ही रब्त[6] इक शोख़ से
सामना जिस वक़्त हो जाता है, भर आता है दिल

इश्क़ फ़ना का[7] नाम है, इश्क़ में ज़िंदगी न देख
जल्वए-आफ़ताब[8] बन, ज़र्रे में रोशनी न देख
होके रहेगा हमनवा[9] वोह भी तेरे ही साथ साथ
नग्मए-शौक़[10] गाये जा, इश्क़ की बरहमी[11] न देख

---

1. आशय 2. इच्छा, चाहत का परित्याग 3. चाहत की ख़ूबसूरती 4. जादू में बँधकर 5. प्रेम की बेचैनी 6. लगाव, रिश्ता 7. मौत 8. सूर्य का तेज 9. मित्र, दोस्त 10. प्रीत के गीत 11. गुस्सा, क्रोध

उन लबों की जाँ नवाज़ी[1] देखना
मुंह से बोल उठने को है जामे-शराब

मुझी में रहे मुझसे मस्तूर[2] होकर
बहुत पास निकले बहुत दूर होकर

बहारे-लाला-ओ-गुल, शोख़िए-बक़्रो-शरर[3] होकर
वो आये सामने, लेकिन हिजाबाते-नज़र[4] होकर

इस तरह न होगा कोई आशिक़ भी तो पाबंद
आवाज़ जहाँ दो उसे वो शोख़ निकल आये

यहाँ तक जज़्ब कर लूँ काश तेरे हुस्ने-कामिल[5] को
तुझी को सब पुकार उट्ठें-निकल जाऊँ जिधर होकर

नाला यूँ कीजे, यह अंदाज़े-शिकेबाई[6] हो
जैसे बेसाख़्ता[7] होठों पे' हँसी आई हो

वो हज़ार दुश्मने-जाँ सही, मुझे फिर भी ग़ैर अज़ीज़ है
जिसे ख़ाके-पा तिरी छू गई, वो बुरा भी हो तो बुरा नहीं

तूने जिस अश्क पर नज़र डाली
जोश खाकर वही शराब हुआ

---

1. खूबसूरती 2. लिखे जाकर, लिखित 3. बिजली और चिनगारी जैसी शोख़ी 4. नज़र याने दृष्टि का पर्दा 5. सर्वांगपूर्ण सौंदर्य 6. सन्तोष और सब्र के अन्दाज़ जैसा हो 7. यकायक

अबाबि-चमन से[1] नहीं, पूछो ये चमन से
कहते हैं किसे नकहते-बरबाद[2] का आलम

क्यों आतिशे-गुल[3] तेरे नशेमन[4] को जलाए?
तिनकों में है ख़ुद बर्क़े-चमनज़ाद[5] का आलम

शमा है, लेकिन धुँदली धुँदली
साया है, लेकिन रौशन रौशन
रंगीं फ़ितरत, सादा तबीअत
फ़र्शनशीं और अर्श नशेमन
काँटों का भी हक़ है आख़िर
कौन छुड़ाए अपना दामन

जुस्तज़ूए-यार में गुम ख़ुद मिरा दिल हो गया
यह मुसाफ़िर चलते-चलते आप मंज़िल हो गया

महवे-तस्बीह तो सब हैं मगर इदराक कहाँ
ज़िंदगी ख़ुद ही इबादत है, मगर होश नहीं

मौत जब तक नजर नहीं आती
ज़िंदगी राह पर नहीं आती

इस ज़माने का इन्क़लाब न पूछ
रूह शैतान की शक्ल आदम की

शौक़ को रहनुमा बना, हो जो चुका कभी न देख
आग दबी हुई निकाल, आग बुझी हुई न देख

---

1. चमनवालों से 2. बर्बादी की गंध 3. फूलों की आग 4. नीड़, घोंसला 5. चमन में पैदा
हुई बिजली

इश्क़ ही तनहा नहीं शोरीदासर[1] मेरे लिए
हुस्न भी बेताब है और किस क़दर मेरे लिए
गर्म है हंगामा-ए-शामो-सहर[2] मेरे लिए
रात-दिन गर्दिश में हैं शम्सो-क़मर[3] मेरे लिए

सख़्त मुश्किल से पड़ा आज गिरेबान पे हाथ
मैं समझता था कि ये फ़ासला कुछ दूर नहीं

दुनिया ये दुखी है फिर भी मगर, थक कर ही सही, सो जाती है
तेरे ही मुक़द्दर में ऐ दिल, क्यों चैन नहीं आराम नहीं

क्या जानिए ख़याल कहाँ है नज़र कहाँ
तेरी ख़बर के बाद फिर अपनी ख़बर कहाँ

अब भी क्या दिल को न समझोगे सज़ावारे-सज़ा[4]?
मुजरिमे-शौक़[5] भी है मुलज़िमे - फ़रियाद[6] भी है

क़हर की लाख निगाहों की ज़रूरत क्या है
लुत्फ़ की[7] एक निगहे-नाज़[8] न जीने देगी

हम और उनके सामने अर्ज़े-नियाज़े-इश्क़
        लेकिन हुजूमे-इश्क़ से मजबूर हो गये
आई है मौत मंज़िले-मक़सूद देखकर
        इतने हुए क़रीब कि हम दूर हो गये

---

1. दीवाना 2. दिन और रात का लगातार आना-जाना 3. सूरज और चाँद 4. सज़ा के क़ाबिल
5. इश्क़ का अपराधी 6. फरियाद का अपराधी 7. प्यार भरी 8. गर्वीली दृष्टि

कोई न बच सका, तेरी क़ातिल निगाह से
    ज़र्रे भी सदके हो गये उठ-उठ के राह से
यह जानता हूं, जानते हो मेरा हाले-दिल
    यह देखता हूं, देखते हो किस निगाह से

तेरी अमानते-ग़म का तो हक़ अदा कर लूं
    ख़ुदा करे शबे - फ़ुर्क़त अभी दराज़ रहे

गुज़रती है जो दिले-इश्क़ पर न पूछ 'जिगर'
    यह ख़ास राज़े - मोहब्बत है, राज़ रहने दे

इश्क़ में सैरे - गुलो - लाला[1] है तमहीदे जुनूं[2]
    चाहिए एक बियाबां भी गुलिस्तां के क़रीब

दिल हुआ ख़ाक तपे-ग़म से मगर दिल की जगह
    इक ख़लिश सी मुझे मालूम हुई जाती है
हम तो समझे थे ग़मे-इश्क़ फ़ना कर देगा
    अब ये उम्मीद भी मौहूम[3] हुई जाती है

मुझे उठाने को आया है वाइज़े-नादां[4]
    जो उठ सके तो मेरा साग़रे-शराब उठा
किधर से बर्क़ चमकती है देखें ऐ वाइज़
    मैं अपना जाम उठाता हूं तू किताब उठा

हाए वो हुस्न का अंदाज़ कि जिस वक़्त 'जिगर'
    इश्क़ के भेस में होता है नुमायां कोई

---

1. बाग़ की सैर 2. दीवानगी की भूमिका 3. भ्रामक 4. नादान उपदेशक

महशर में[1] अर्ज़े-शौक़ की[2] उम्मीद क्या करूं
            दिल ही तो है, रहा न रहा इख़्तियार में
सूरत दिखा के फिर मुझे बेताब कर दिया
            इक लुत्फ़ आ चला था ग़मे-इन्तिज़ार में

अच्छा है पास गर कोई ग़मख़्वार भी नहीं
            अब मेरा हाल लायक़े-इज़हार[3] भी नहीं
दिल में हुजूमे-शौक़[4] का आलम न पूछिए
            गुंजाइशे - ख़याले - रुख़े - यार[5] भी नहीं

ऐ ग़मे - दोस्त तेरा सब्र मुझी पर टूटे
            बे तेरे नींद भी आंखों में अगर आई हो
वो मोहब्बत ही नहीं है, वो क़यामत ही नहीं
            जो तेरे पा-ए-निगारी की[6] न ठुकराई हो
हो गई दिल को तेरी याद से इक निस्बते-ख़ास[7]
            अब तो शायद ही मयस्सर कभी तनहाई हो

निगाहें क्या कि पहरों दिल भी वाक़िफ़ हो नहीं सकता
            ज़बाने - हुस्न से ऐसा भी कुछ इर्शाद होता है
तुम्हीं हो तानाज़न[8] मुझ पर तुम्हीं इन्साफ़ से कह दो
            कोई अपनी ख़ुशी से ख़ानमा - बर्बाद[9] होता है
कोई हद ही नहीं शायद मोहब्बत के फ़साने की
            सुनाता जा रहा है, जिसको जितना याद होता है

चैन आता नहीं मुझको क़फ़स में या रब
            क्या मेरी हसरते - परवाज़ न जीने देगी

---

1. प्रलय में 2. चाहत की विनती 3. प्रकट करने योग्य 4. चाहतों का हुजूम 5. यार यानी प्रेयसी के चेहरे की कल्पना की गुंजाइश 6. चित्रांकित पैरों की 7. विशेष क़िस्म का रिश्ता 8. तान देने वाले 9. घर लुटने देना

समझ कर फूंकना उसको ज़रा ऐ दाग़े-नाकामी[1]
बहुत-से घर भी हैं आबाद इस उजड़े हुए दिल से
मोहब्बत में क़दम रखते ही गुम होना पड़ा मुझको
निकल आई हज़ारों मंज़िलें एक-एक मंज़िल से
बयां क्या हों यहां की मुश्किलें, बस मुख़्तसर ये है
वही अच्छे हैं कुछ, जो जिस क़दर हैं दूर मंज़िल से

उसकी आली-हिम्मती[2] का क्या ठिकाना ऐ 'जिगर'
तंग हो जिसके लिये फ़रियाद भी, तासीर[3] भी

पासे-अदब से[4] छुप न सका राज़े-हुस्नो-इश्क़[5]
जिस जा तुम्हारा नाम सुना सिर झुका दिया

जिसमें आबाद थी दुनिया - ए - मोहब्बत
हाय उस अश्क का आंखों से जुदा होना

ये सारी लज़्ज़तें[6] हैं मेरे शौक़े-नामुकम्मल[7] तक
क़यामत थी ये पैमाना अगर लबरेज़[8] हो जाता

रब्ते-बातिन[9] इसको कहते हैं कि रोज़े-अव्वली[10]
रूह मुज़्तर[11] ही रही जब तक न पैदा ग़म हुआ

तेरा मिलना तो मुमकिन था मगर ऐ जाने-महबूबी[12]
मेरे नज़दीक तौहीने-मज़ाके-जुस्तजू[13] होती

---

1. असफलता के दाग 2. उच्च साहस 3. असर 4. विनम्रता 5. प्रेम और रूप का भेद
6. सारी लज्जतें 7. अधूरे प्रेम तक 8. पूरा भरा हुआ 9. अंतरात्मा का सम्बन्ध 10. सृष्टि
के पहले दिन 11. आत्मा की आकुलता 12. ख़ुदा 13. तलाश की रुचि का अपमान

हैं इन्हीं धोकों से दिल की ज़िन्दगी
     जो हसीं धोका हो खाना चाहिए
उनसे मिलने को तो क्या कहिए 'जिगर'
     ख़ुद से मिलने को ज़माना चाहिए

गुनाहगार के दिल से न बच के चल ज़ाहिद[1]
     यहीं कहीं तेरी जन्नत भी पाई जाती है
सुकूं[2] है मौत यहां के ज़ौक़े-जुस्तजू[3] के लिए
     ये तशनगी[4] वो नहीं जो बुझाई जाती है

जब हुस्नो - इश्क़ दोनों रोया करेंगे मुझको
वो भी 'जिगर' ज़माना नज़दीक आ रहा है

ख़ुदा जाने मोहब्बत कौन सी मंज़िल को कहते हैं
न जिसकी इब्तिदा ही है, न जिसकी इन्तिहा ही है

उनको बुलाके और पशेमां हुए 'जिगर'
ये क्या ख़बर थी, होश में आया न जायेगा

कुछ खटकता तो है पहलू में मेरे रह-रहकर
अब ख़ुदा जाने तेरी याद है या दिल मेरा

यूं दिल के तड़पने का कुछ तो है सबब आख़िर
     या दर्द ने करवट ली या तुमने इधर देखा
क्या जानिए क्या गुज़री, हंगामे-जनूं[5] लेकिन
     कुछ होश जो आया तो उजड़ा हुआ घर देखा

---

1. विरक्त, जितेंद्रिय 2. शान्ति 3. तलाश की रुचि 4. प्यास 5. उन्माद के समय

मुझको वो लज्ज़त[1] मिली, एहसास[2] मुश्किल हो गया
रहते-रहते दिल में तेरा दर्द भी दिल हो गया
इब्तिदा[3] वो थी कि था जीना मोहब्बत में मुहाल[4]
इन्तिहा[5] ये है कि अब मरना भी मुश्किल हो गया

अर्सा -ए - हश्र[6] कहाँ, ये दिले - बर्बाद कहाँ
वो भी छोटा-सा है टुकड़ा इसी वीराने का
उसकी तस्वीर किसी तरह नहीं खिंच सकती
शम्मा के साथ तअल्लुक है जो परवाने का

मुड़के फिर मैंने न देखा, हूं मैं ऐसा रह-नवर्द[7]
देखती ही रह गई हसरत से मुंह मंज़िल मेरा
बेदिली पे क्यों हिरासां[8] हूं कि है मुझको ख़बर
ख़ुद निगाहे-नाज़[9] ही इक दिन बनेगी दिल मेरा

अक़्ल बारीक हुई जाती है
रुह तारीक[10] हुई जाती है

क्या - क्या ख़यालो-वहम[11] निगाहों पे छा गये
जी धक से हो गया, ये सुना जब वो आ गये

तेरे फ़िराक के[12] ग़म ने बचा लिया सब से
मेरे क़रीब कोई अब बला नहीं आती

---

1. आनन्द 2. अनुभूति 3. प्रारम्भ 4. कठिन 5. चरम-सीमा 6. प्रलय-क्षेत्र 7. पथिक 8. भयभीत
9. प्रेयसी की नज़र 10. अंधकारमय 11. विचार और भ्रम 12. जुदाई के

कुछ दाग़े-दिल से[1] थी मुझे उम्मीद इश्क़ में
सो रफ़्ता-रफ़्ता[2] वो भी चिराग़े-सहर[3] हुआ
फ़रियाद कैसी? किसकी शिकायत? कहाँ का हश्र[4]
दुनिया उधर को टूट पड़ी वो जिधर हुआ

हुस्न ख़ुद इश्क़ की सूरत में मुक़ाबिल आये
काश ऐसा हो कि तुझ पर ही तेरा दिल आये

मुझे तो रश्क आता है ग़मे-जानां की[5] हस्ती[6] पर
बदल ले काश अपनी ज़िन्दगी से ज़िन्दगी मेरी
उसे सय्याद ने[7] कुछ, गुल ने[8] कुछ, बुलबुल ने कुछ समझा
चमन में कितनी मानीख़ेज़[9] थी इक ख़ामशी मेरी

जब नज़र अपनी हक़ीक़त आई
मुझ पे ख़ुद मेरी तबीयत आई

निहां किये से[10] नहीं राज़े-ग़म निहां होता
ज़बां दहन में[11] न होती तो मैं ज़बां होता

परवर्दा-ए-तूफ़ां को[12] कश्ती की नहीं हाजत[13]
मौजों के तलातुम[14] में साहिल नज़र आता है

हुस्न की इक-इक अदा पर जानो-दिल सदक़े[15] मगर
लुत्फ़ कुछ दामन बचा कर ही गुज़र जाने में है

---

1. दिल के दाग़ से 2. धीरे-धीरे 3. सुबह का दीपक 4. प्रलय 5. प्रेयसी के ग़म की 6. अस्तित्व 7. शिकारी ने 8. फूल ने 9. अर्थपूर्ण 10. छुपाने से 11. मुँह में 12. तूफ़ानों के पाले हुए को 13. आवश्यकता 14. तूफ़ान 15. न्यौछावर

इश्क़ ने तोड़ी सिर पे क़यामत, ज़ोरे-क़यामत[1] क्या कहिए
सुनने वाला कोई नहीं, रूदादे-मुहब्बत[2] क्या कहिए
जब से उसने फेर लीं नज़रें, रंगे - तबाही[3] आह न पूछ
सीना ख़ाली, आंखें वीरां[4], दिल की हालत क्या कहिए

जीने तक हैं होश के जलवे आगे होश की मस्ती है
मौत से डरना क्या मानी[5] मौत भी जुज्वे-हस्ती[6] है
मानी सूरत, सूरत मानी, फ़िक्रो-नज़र के[7] धोके हैं
फ़िक्रो-नज़र तक रह जाना, फ़िक्रो-नज़र की पस्ती[8] है

तनहाई - ए - फ़िराक़ में[9] क्यों गिरिया[10] कीजिए
ये दिल! ये वक़्ते-ख़ास[11] है राज़ो-नियाज़ का

तुम मुझसे छूटकर रहे सबकी निगाह में
मैं तुमसे छूटकर किसी क़ाबिल नहीं रहा
दिल को न छेड़ ऐ ग़मे-फ़ुर्क़त कि अब ये दिल
तेरे भी इल्तिफ़ात के क़ाबिल नहीं रहा

घड़ी भर में नाआशना[12] हो गया
न जाने मेरे दिल को क्या हो गया
धड़कने लगा दिल, नज़र झुक गई
कभी उनसे जब सामना हो गया

तेरी याद की उफ़ ये सरमस्तियां
कोई जैसे पीकर शराब आ गया
मेरा उनका बनना बिगड़ना ही क्या
निगाहें मिलीं और हिजाब[13] आ गया

---

1. प्रलय का ज़ोर 2. प्रेम का वृत्तान्त 3. कैसा तबाह हुआ 4. वीरान 5. मतलब 6. जीवन का अंग 7. चिन्तन और परख के 8. हीनता 9. जुदाई के एकाकीपन में 10. आर्त्तनाद 11. विशेष समय 12. अपरिचित 13. लज्जा

दिल पे तारी[1] बेहिसी-ओ-ज़ो'फ़[2] का आलम हुआ
घट गई उतनी ही ताक़त दर्द जितना कम हुआ

हश्र[3] के दिन वो गुनहगार न बख़्शा जाये
जिसने देखा तेरी आंखों का पशेमां[4] होना

अपनी-अपनी वुसअते-फ़िक्रो-यकीं की[5] बात है
जिसने जो आलम[6] बना डाला वो उसका हो गया
मैंने जिस बुत पर नज़र डाली जुनूने-शौक़ में[7]
देखता क्या हूं, वो तेरा ही सरापा[8] हो गया
उठ सका हमसे न बारे-इल्तिफ़ाते-नाज़[9] भी
मर्हबा[10] वो जिसको तेरा ग़म गवारा हो गया

अल्लाह-अल्लाह ये तेरी तर्को-तलब की[11] वुसअतें
रफ़्ता-रफ़्ता सामने हुस्ने-तमाम[12] आ ही गया
अव्वल-अव्वल हर क़दम पर थीं हज़ारों मंज़िलें
आख़िर-आख़िर इक मुक़ामे-बेमुक़ाम आ ही गया
सोहबते-रिंदां से वाइज़ कुछ न हासिल कर सका।
बहका-बहका-सा मगर तर्ज़े-कलाम आ ही गया

ठेस लग जाये न उनकी हसरते-दीदार को[13]
ऐ हुजूमे-ग़म संभलने दे ज़रा बीमार को
फ़िक्र है ज़ाहिद को[14] हूरो-कौसरो-तस्नीम की[15]
और हम जन्नत समझते हैं तेरे दीदार को

---

1. व्याप्त 2. स्तब्धता और निर्बलता 3. प्रलय 4. लज्जित 5. विचारों और विश्वासों की विशालता की 6. जगत 7. इश्क़ के उन्माद में 8. नख से शिख तक 9. प्रेयसी की कृपाओं का बोझ 10. धन्य है 11. तजने और पाने की 12. पूर्ण सौन्दर्य (खुदा) 13. दर्शनों की अभिलाषा को 14. विरक्त, जितेन्द्रिय को 15. हूरों और जन्नत में बहने वाली दूध और शहद की नहरों व कुंडों की

तस्कीने-रूह[1] जब न किसी तरह हो सकी
सब अपनी-अपनी धुन में लगे कुछ पुकारने
तकलीफ़ो - पर्दा - दारी - ए - तकलीफ़ अल्अमां[2]
मारा है मुझको ख़ुद मेरे सब्रो - क़रार ने

पहले तो अर्ज़े-ग़म वे वो झुंझला के रह गये
फिर कुछ समझ के, सोच के, शरमा के रह गये
वो कौन है कि जो सरे-मंज़िल पहुंच सका
धुंधले-से कुछ निशान नज़र आ के रह गये

मैं न खाऊंगा कभी हुस्ने-तग़ाफ़ुल के[3] फ़रेब
मेरी जानिब तेरी दर-पर्दा नज़र है कि नहीं
अब ये आलम है कि जो हिज्र की शब[4] आती है
मैं ये कहता हूं कि उस शब की सहर[5] है कि नहीं
वस्ल[6] कहते हैं जिसे उसकी हक़ीक़त मालूम
वरना इक सिलसिला-ए-शामो-सहर[7] है कि नहीं

ग़म मयस्सर है तेरा ग़म पे न क्यों नाला[8] करूं
ये भी क्या तू है कि जो इश्क़ की क़िस्मत में नहीं
वो जो इक रब्ते-मोहब्बत[9] है मिटाना उसका
मेरी ताक़त में नहीं आपकी क़ुदरत[10] में नहीं
यूं भी तकमीले-ग़मे-इश्क़[11] हुआ करती है
उसकी क़िस्मत में हूं मैं जो मिरी क़िस्मत में नहीं

कम न था ये आलमे-हस्ती[12] किसी सूरत मगर
वुसअतें[13] दिल की बढ़ीं इतनी कि ज़िंदां[14] हो गया

---

1. आत्मा की शान्ति 2. कष्ट सहना और फिर कष्ट पर पर्दा डालना कितना असह्य है यह
3. खूबसूरत उपेक्षा 4. विरह की रात 5. रात की सुबह 6. मिलन 7. रात-दिन का सिलसिला
8. आर्तनाद 9. प्रेम-सम्बन्ध 10. सामर्थ्य 11. प्रेम के दुख की पूर्ति 12. जीवन-दशा 13. फैलाव
14. क़ैदख़ाना

चश्म पुरनम[1], जुल्फ़ आशुफ़्ता[2], निगाहें बेक़रार

    इस पशेमानी के सदक़े मैं पशेमां हो गया

छूट सकता था कहीं इस जिस्म से दामाने-रूह[3]

    फिर कभी मिलने का शायद अहदो-पैमां[4] हो गया

वरना क्या था, सिर्फ़ तरतीबे-अनासिर के सिवा[5]

    ख़ास कुछ बेताबियों का नाम इन्सां हो गया

❏ ❏ ❏

---

1. सजल नेत्र 2. उलझे बाल 3. आत्मा का पल्लू 4. वचन और प्रतिज्ञा 5. तत्वों की तरतीब के सिवा।

राजपाल एण्ड सन्ज़ की स्थापना एक शताब्दी पूर्व 1912 में लाहौर में हुई थी। आरम्भिक दिनों में अधिकतर धार्मिक, सामाजिक और देश-प्रेम की पुस्तकें प्रकाशित होती थीं और हिन्दी के अतिरिक्त अंग्रेज़ी, उर्दू व पंजाबी भाषा में भी पुस्तकें प्रकाशित की जाती थीं।

1947 में भारत-विभाजन के बाद राजपाल एण्ड सन्ज़ को नए सिरे से दिल्ली में स्थापित किया गया और साहित्यिक पुस्तकों के प्रकाशन का आरम्भ हुआ। रामधारी सिंह दिनकर, महादेवी वर्मा, बच्चन, अज्ञेय, शिवानी, आचार्य चतुरसेन, विष्णु प्रभाकर, राजेन्द्र यादव, मोहन राकेश, रांगेय राघव, कमलेश्वर और अन्य साहित्यिक लेखकों की कृतियाँ यहाँ से प्रकाशित होने लगीं। राजपाल एण्ड सन्ज़ से प्रकाशित *मधुशाला*, *कुरुक्षेत्र*, *मानस का हंस*, *आवारा मसीहा*, *कितने पाकिस्तान*, *आषाढ़ का एक दिन* जैसी पुस्तकें हिन्दी साहित्य की 'क्लासिक पुस्तकें' मानी जाती हैं और आज भी लोकप्रियता के शिखर पर हैं। भारत के राष्ट्रपतियों और प्रधानमंत्रियों की पुस्तकें प्रकाशित करने का गौरव भी राजपाल एण्ड सन्ज़ को प्राप्त है। नोबेल पुरस्कार से सम्मानित अर्थशास्त्री डॉ. अमर्त्य सेन की सभी पुस्तकों के हिन्दी अनुवाद यहाँ से प्रकाशित हैं। अन्तरराष्ट्रीय चर्चित पुस्तकों के अनुवाद, विश्वविख्यात कोशकार डॉ. हरदेव बाहरी द्वारा सम्पादित 'राजपाल' शब्दकोशों की शृंखला और किशोरों के लिए सैकड़ों पुस्तकें राजपाल एण्ड सन्ज़ से प्रकाशित हुई हैं।

पाठकों के स्वस्थ और सुरुचिपूर्ण मनोरंजन और ज्ञानवर्धन के लिए समर्पित राजपाल एण्ड सन्ज़ से हिन्दी और अंग्रेज़ी में पुस्तकें प्रकाशित होती हैं जो देश के सभी बड़े पुस्तक-विक्रेताओं और विश्व भर के ऑनलाइन विक्रेताओं के यहाँ उपलब्ध हैं।

राजपाल एण्ड सन्ज़

1590 मदरसा रोड, कश्मीरी गेट, दिल्ली-6, फोन: 011-23869812, 23865483
email: sales@rajpalpublishing.com, facebook: facebook.com/rajpalandsons
website: www.rajpalpublishing.com